EL REGALO QUE NO PEDÍ

Cuando la vivencia más dolorosa te enseña
una forma increíble de vivir

MIRIAM VARGAS

El regalo que no pedí
Cuando la vivencia más dolorosa te enseña una forma
increíble de vivir.

Edición: Autores Implacables
Corrección de estilo: Mauricio Rumualdo y Nahomi Mendoza
Diseño editorial interior: Aranza Villalobos
Diseño de portada: natalie kuri sayeg
@nkuristudio
Crédito de la fotografía: Laura Ivette de la Torre Martínez

 www.autoresimplacables.com

Este libro está dedicado a todas las personas que perdieron la batalla. En especial, a mi madre Chuy López Higareda, honrándola al vivir con pasión y compartiendo esta historia.

A mis hijas, María José y Sara, para que nunca olviden que ser feliz es una decisión y que, cuando les falte un motivo para serlo, lo recuerden leyendo este libro.

AGRADECIMIENTOS:

Agradezco a Dios por esta nueva oportunidad que me otorgó.

A mi esposo Beto, por esa increíble paciencia y amor con el que me cuidó.

A María José, por ser el pilar que me sostuvo amorosamente, iluminando con su sonrisa mi existencia.

A Sara, fuente de mi inspiración para vivir, transmitiéndome su valentía y pasión por la vida.

A mi hermana Janet, por estar siempre conmigo dándome aliento y su infinito amor.

A mi papá Franklin, porque (aun con sus temores como doctor) estuvo conmigo dándome su soporte.

A mi hermano Jorge, por transmitirme seguridad y hacerme sentir que podía lograrlo.

A Omar, por acompañarme y hacerme saber siempre su amor.

A mi tía Magaly, que con su enteresa, amor y Fe me ayudo a salir adelante.

A Michelle, por ser testimonio de que yo también lo loraría. Acompañándome de corazón en el proceso.

A Renata, que con su amoroso acompañamiento nos dio paz en nuestro corazón.

Al Dr. Berry Rosenbloom y Lina Quintanilla, extraordinarios seres humanos que con su profesión hicieron que hoy este viva escribiendo esta experiencia.

A Mi familia, tíos, primos, sobrinos, cuñados y cuñadas, por su gran amor, acompañamiento y todas sus oraciones.

A mis amigas y amigos, que fueron la energía que me impulsaron a seguir adelante.

A mi gran amigo Baltazar, por unirse a mi batalla y ayudarme a ganarla.

Gracias a Ivonne Hernández G. y a Agustín Bravo por su colaboración bondadosa y valiosa en los ejercicios aportados.

A todas esas personas que fueron Ángeles en mi camino, enfermeras, terapeutas, doctores y asistentes que me acompañaron a vencerlo.

CONTENIDO

RECOMENDACIONES

"Siempre he sostenido que cada desafío que enfrentamos en la vida tiene un mensaje para nosotros mismos que contribuye a nuestra transformación y crecimiento personal.

La historia de Miriam nos demuestra la grandeza que reside en desarrollar el poder positivo de la mente. Es justamente este poder lo que puede sanarnos junto con las palabras y los pensamientos positivos, las emociones sanas y el amor de nuestro entorno. Las palabras de este libro son un testimonio vivo de que, cuando podemos ver y trascender los patrones que no nos favorecen, somos capaces de enfrentar y sanar nuestras debilidades con amorosa bondad, así como de reconocer y aumentar nuestras fortalezas".

Dr. Joseph M. Levry.
Creador del Naam Yoga y autor de USA.

"Tú puedes ser profundamente feliz, incluso cuando estás enfrentando una gran adversidad. Esto es lo que Miriam nos enseña a través de su maravilloso libro lleno de esperanza, alegría y sabiduría. No solo para aquellos que afrontan un cáncer, sino todas las adversidades que podemos encontrar en esta hermosa vida".

Roberta Liguori autora italiana del Bestseller
***Perché io sogno forte,* Master trainer y**
Triatleta ironman.

PRÓLOGO

Soy el Dr. Richard Bandler y es un placer escribir el prólogo de este increíble libro. Miriam Vargas ha mostrado su travesía como sobreviviente de cáncer en esta historia llena de esperanza. He vivido historias similares con miembros de mi familia que nunca han sido cortas, pero sí milagrosas. Este libro nos sirve a todos como guía para hacer posible lo imposible. Profundamente personal y lleno de buenos consejos, leer este libro debería hacernos humildes ante el asombroso universo repleto de posibilidades.

El cáncer no es más una sentencia de muerte como lo fue alguna vez. Sin embargo, eso no significa que no necesites la actitud correcta y sanadores adecuados. Los milagros son posibles con el apoyo apropiado. Yo he construido toda mi carrera haciendo lo que me dijeron que "no se podía hacer". Creo que este libro ayudará a todos aquellos que están enfrentando una gran dificultad. Así que, si es tu deseo vencer las posibilidades, date la mejor oportunidad con esta historia que parte desde el corazón. ¡LÉELA YA!

Dr. Richard Bandler, co-creador de PNL
y autor de varios libros

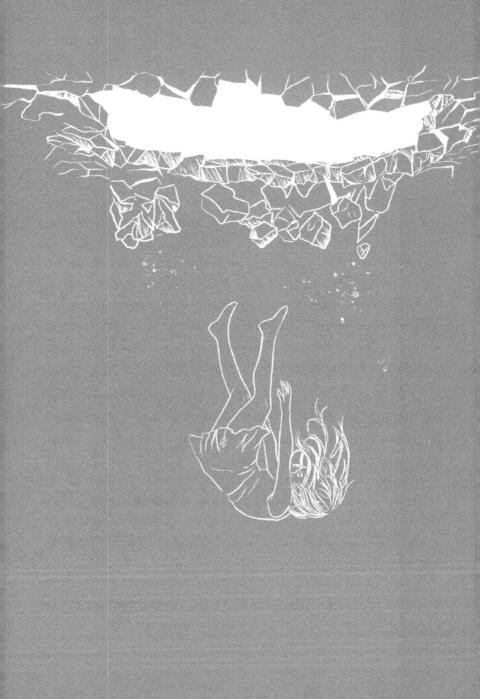

1

CUANDO PIENSAS QUE ES EL FIN

De pronto, un día cotidiano se vuelve en algo irreal;
tu cerebro no está diseñado para aceptar en
microsegundos una nueva realidad.

Ese día fui a hacerme la mastografía. Me sentía alegre y positiva. Lo hice porque siete años atrás mi madre había fallecido de cáncer de mama. Desde su partida, para mí se había convertido en parte de una rutina y recomendación médica. Lo hacía cada año. Creía improbable que, como en la ruleta rusa, le tocara la misma suerte a dos de tres mujeres en la misma familia, contando a mi hermana.

Temprano por la mañana me dirigí al hospital sin ningún temor. En el trayecto iba cantando. Repasaba en mi mente todas las tareas que haría en ese día. El cielo estaba limpio. El sol brillaba, todo me parecía hermoso.

Ya en la clínica, mientras esperaba el turno para la mastografía, terminaba de resolver un problema muy grande de trabajo a través del celular; así me parecía en ese momento. Unos días antes nos habían avisado que nos quitarían un proyecto por el que luchamos dos años. Estaba muy concentrada en lo que yo suponía que era mi futuro. Colgué la llamada, me sentía feliz. Había arreglado la situación de manera exitosa. Entré a la cabina. Seguí el procedimiento como cada vez. Sin embargo, antes de terminar, el técnico radiólogo que estaba a mi lado dijo:

—Hay que volver a tomar la mastografía.

No me preocupé. Ya había pasado otras veces que el aparato no tomara bien la imagen. Regresé con el técnico para hacerme el segundo estudio. Mantenía aún el sentimiento de felicidad. ¡Había salvado mi contrato! Seguía sintiéndome en la cima. De pronto, algo cambió mi sensación.

—Oye, hay algo que no me gusta —comentó el técnico.

En ese momento, la emoción de sentirme increíble por lo que había logrado se esfumó en microsegundos. De forma abrupta, pasé de una inmensa felicidad a un estado de miedo. Me espanté. Me quedé en *shock*. Empecé a temblar. ¡Sentía mucha angustia!

Afuera estaba Beto, mi esposo, quien me había acompañado. Mientras me pasaban al área de ultrasonido, le dije:

—¡Oye! Algo no anda bien.

—¡Tranquila! —me dijo—, va a salir bien.

Él, hacía lo que un familiar hace en casos así: alentarme. Aunque estoy segura de que, al igual que yo, estaba muy preocupado.

Entré a la sala para que me realizaran el ultrasonido de nuevo. Me acosté. Suspiré profundo. Noté cómo crecía una sensación en mi cuerpo. Era angustia.

—Miriam, vas a tener que hacerte una biopsia —dijo el técnico y continuó—, esta bolita es irregular y hay posibilidades de que sea algo malo.

—Por favor, ¿dime, qué significa? —le pregunté. En ese momento ya el miedo se había apoderado de mi cuerpo y empezaba a temblar.

—Yo no te puedo dar un diagnóstico. Por eso, es necesario hacer la biopsia —respondió.

¡Estaba angustiada! Sentí desesperación por no saber qué estaba pasando. Hice más y más preguntas al técnico. ¡Necesitaba saber algo más! Él solo me recomendó:

—Hazte la biopsia. Mañana te entregamos los resultados por escrito de la mastografía. Necesitamos también los resultados del estudio de hace un año, te los encargo.

Salí, me sentía desconcertada. Mi rostro reflejaba mis sentimientos, mi andar también. Me acerqué a Beto:

—¡Me dicen que vaya a hacerme una biopsia!

Sus ojos se abrieron un poco más. Luego su cara se tornó seria. También sentía miedo, pero su actitud seguía siendo de ánimo.

—Bueno, pero aún no tenemos nada claro.

Hablé al otro lugar, donde usualmente me hacía los ultrasonidos en años anteriores. Mi voz estaba quebrada, hablaba rápido, pero se atoraban mis palabras. La señorita que contestó debió notarla. De inmediato me buscó en el sistema. Me hizo saber que tenía dos años sin hacerme ningún estudio. ¡Yo no podía creerlo! Le pedí que revisara de nuevo con más atención. Volvió a confirmar mi grave omisión.

—¿Cómo pude haber sido tan descuidada conmigo misma? —me pregunté mientras movía mi cabeza en señal de desaprobación.

Por estar distraída, por estar en otras cosas, no me había cuidado. ¡No me había priorizado! ¿Cómo era posible esto? A pesar de que había vivido la experiencia de mi madre, a la que no se le detectó a tiempo el cáncer de mama y eso fue mortal.

Al otro día fui por los resultados. Me acompañó Beto y María José, mi hija mayor. A Sarita, la menor, la habíamos dejado en una actividad de la escuela.

Entré por los resultados. Estaban dentro de un sobre amarillo. Los tomé con manos temblorosas y, de manera automática, los llevé hacia mi cuerpo, apretándolos con fuerza. Salimos a la calle. Cada parte de mí temblaba. Abrí el sobre. ¡Me derrumbé en la banqueta! Leí que era altamente probable de positivo de cáncer.

Con una noticia así, sientes que se abre la tierra y te vas al infinito. ¿Cómo es posible que, en cuestión de horas, la vida te pueda cambiar de esa manera? Ahí, en la calle, lloré inconsolablemente. Con mis brazos me abrazaba a mí misma mientras perdía fuerza en mis piernas.

—¡Me voy a morir! —pensé en lo que había pasado con mi mamá y seguí diciendo— ¡Me voy a morir! ¡Me voy a morir!

Beto y María José, me dieron ánimos. Ese estudio decía que tenía altas probabilidades, pero necesitábamos la biopsia para comprobarlo y saber la verdad.

En ese momento nos fuimos con un oncólogo. Sentada en la sala de espera antes de entrar a la consulta, pasó una señora con su hijo, un muchacho de no más de diecisiete años, peloncito. Él estaba recibiendo quimioterapia. ¡Cuando lo vi, me espanté! Yo no paraba de pensar: *¿En qué momento me sucedió esto? Estoy en una sala de espera de oncología, ¿yo? ¿Cómo?* Mi mente no podía creer que en cuestión de horas mi realidad había cambiado totalmente. La mamá de ese jovencito se me acercó al verme inconsolable:

—¡Tranquila! ¡Tranquila! —me dijo con voz suave— Mira, nosotros estamos luchando por la vida de mi hijo. ¡Tienes que echarle muchas ganas!

¡La señora ya estaba dando por hecho que yo tenía cáncer! Yo aún me encontraba en negación total. Veía al muchacho y me sentía horrible. Sentía en el cuerpo la sensación que te da cuando sientes miedo. ¡Era terror!

Lloraba como una niña de tres años que no encuentra a sus papás. No podía contenerme. Mi hija María José, me consolaba:

—¡Tranquila, mamá! Falta la biopsia.

Como familiar, para ayudar a tu ser querido, te aferras a la idea de que no está pasando nada, que todo está bien.

Pasado un rato, entramos al consultorio del médico. Fue muy claro, de inmediato, cuando vio los resultados. Nos comentó:

—¡Hay muchas probabilidades de que sea cáncer! Necesitamos la biopsia; con ella, podremos salir de dudas. Por el tamaño del tumor que aparece en la imagen, puedo calcular que estás en fase uno o dos.

El doctor necesitaba la biopsia, no podía ir más allá de lo que él veía en la radiografía y el estudio. Mientras tanto, poco a poco, yo sentía que mi fin había llegado.

Más tarde, le llamé a una amiga que es oncóloga:

—Necesito que me hagan la biopsia —le dije después de contarle toda la situación—. ¿A quién puedes recomendarme?

—Hay una doctora en la Ciudad de México. Es muy buena. Hace biopsias que no lastiman al paciente —continuó—. Vete mañana mismo a México, te voy a sacar una cita con ella.

Al día siguiente, viajamos Beto y yo a la Ciudad de México, por la mañana.

La idea era regresar ese mismo día por la tarde. En el avión, me dio un ataque de pánico. ¡Sentía que no podía respirar! Beto solo me agarraba de la mano. Yo hacía mis ejercicios de respiración para tranquilizarme. Tenía la sensación de que avanzaba hacia un camino de incertidumbre y tragedia.

Estando en la clínica donde me haría la biopsia, le mostré la radiografía y los estudios a la doctora.

—Tienes el 3 % de probabilidades de que no sea cáncer —me dijo la doctora.

En ese momento pensé: *Por ese 3 %, me voy a aferrar con toda el alma.*

Me hicieron la biopsia. Mientras sucedía, yo no podía hablar, estaba callada, aterrada. Al terminar la biopsia, la doctora me dijo:

—Voy a hacer todo lo posible para darte los resultados lo más pronto que pueda. Cualquier cosa que se ofrezca te la hago saber. ¡Estate tranquila!

Toda la gente en el consultorio, las secretarias y los técnicos, me decían:

—¡Señora, tranquila!

Pero yo, solo tenía presente el caso de mi mamá, el cual, como ya dije antes, no terminó bien y murió. Por ello, para mí "cáncer era igual a muerte". Mi mamá estaba muerta por él. En ese momento estaba segura de que me iba a morir pronto.

Por la sensación que tenía, quería hablar con mi hermana. Yo seguía sin creerlo. Era imposible que, de un día a otro, mi realidad cambiara tanto. Mi llanto era a borbotones. No podía hablar, así que le mandé un mensaje: *Algo no anda bien. Me están haciendo una biopsia. En cuanto tenga los resultados te aviso.*

La preocupación invadió a mi hermana. Se puso como loca marcando a mi número una y otra vez. Yo no podía contestarle, no podía emitir una palabra. Seguía llorando, muda ante la impotencia que sentía y que se había apoderado de mí. Llamó a mi esposo y él le explicó lo que estaba pasando. Sin pensarlo, al siguiente día, ella viajó desde Los Ángeles, donde vivía, para estar conmigo.

Nos regresamos ese día a casa, por la tarde, como lo habíamos previsto. Yo solo me dejé llevar como una autómata, porque mi cerebro no terminaba de procesar todo. Los pensamientos más fatalistas que puedes imaginar se habían apoderado de mí. No quedó más que esperar el resultado de la biopsia.

Al siguiente día, recibí a mi hermana en casa. Estaba inquieta, pero también trataba de darme ánimos. Me sentía apoyada. Sin embargo, el miedo estaba presente en cada respiración. El ambiente estaba tenso y, curiosamente, silencioso. También se acercó a mí una tía y mis primas. Todas en mi departamento, unidas, a la espera de los resultados.

La doctora tardó cerca de cuatro días en responder, después de varias horas de larga espera e infinidad de mensajes de mi parte. Ante mi insistencia, la doctora me mandó un mensaje diciéndome que era posible que le dieran los resultados en unas horas más.

Tengo la fortuna de contar con una familia muy unida. Todos esperando el diagnóstico. Fueron días de mucha incertidumbre y miedo. Rezamos muchísimo. Toda la familia se puso a orar, a pedir por mi salud.

Fuimos a la iglesia, mi esposo, mis dos hijas y yo, para pedirle a Dios por ese 3 % de probabilidades para que no fuera cáncer. Ahí, se acercó un sacerdote que nos vio llorando frente al Santísimo:

—¿Qué les está pasando? —nos dijo. Luego, habló con cada uno. Nos confesamos. Nos prometió que haría oración por todos nosotros para que todo saliera bien.

En mi desesperación, yo le hablaba a Dios, tratando de negociar con Él:

—A ver Dios, si tú me querías dar una prueba porque necesito hacer más y necesito ser una mejor persona, ¡con esto ya aprendí! No me des la enfermedad. Te prometo que…
—en fin, yo hacía promesas y acuerdos con Dios en esa charla.

Cuando mamá enfermó, yo quedé muy consternada con el tema del cáncer. No quería saber nada de esa enfermedad. Fueron tres años de lucha muy desgastante. Mi madre se curó y luego le reincidió en el hígado. Siempre quise apoyar a la lucha contra el cáncer, pero nunca lo hice. No quería entrar en el tema, me resultaba muy doloroso, me daba miedo. Por esa razón pensaba que Dios me había mandado la enfermedad a mí. Sentía remordimiento de no haber tomado acción.

Por mi cabeza pasaban todas las acciones que pude haber hecho por tanta gente enferma a la que no apoyé. ¡No había hecho nada! Ahora sentía como si mi enfermedad fuera un castigo divino sobre mí. No había hecho lo que había prometido cuando murió mi mamá, que era ayudar a los enfermos de cáncer. Ahora comprendo que no era un castigo porque Dios no castiga.

Mi esposo, Beto, estaba en la recámara, y yo iba entrando también. Todos los demás estaban afuera de mi habitación. Desde ahí, se veía el mar inmenso y azul turquesa de Cancún, los rayos del sol inundaban todo lo que mi vista veía a través de la ventana, dándole un color intenso a la vista. Se escuchó el sonido de WhatsApp del celular. Llegó el mensaje por fin. Era la doctora. Mi corazón se aceleró como si quisiera salirse del pecho y, con manos temblorosas, abrí el mensaje:

Desafortunadamente, saliste positiva en cáncer.

Mi mente se nubló. Me senté al borde de la cama. Me doblé y grité muy fuerte mientras lloraba.

—¡Me voy a morir! —gritaba inconsolable.

Mi esposo, ahí a mi lado, llorando también, ¡quebrado emocionalmente! Golpeó la pared con los puños, por la impotencia de la situación. En ese momento, entraron mi hermana y mi prima. Yo no paraba de decir ¡*Me voy a morir!* por la creencia que tenía, de que el cáncer era la muerte.

—¡Vamos a luchar, vamos a salir de esta, vamos a hacer lo posible! —ellas me consolaban.

—Dios me ha dado tanto dolor, no creo que también me vaya a quitar a mi hermana —decía Janet.

Mi tía, a quien considero como otra mamá, ni siquiera podía entrar a la habitación. Estaba devastada y aguardaba afuera.

Yo miraba el mar, encandilada por la luz que irradiaba el reflejo del sol en mis ojos. Estaba segura de que todo había terminado. ¿Dónde quedaba todo lo que había hecho en la vida, los proyectos, lo material? ¡Todo se había acabado! Este hermoso mar, aquí seguirá, yo ya no. Todas las cosas que había logrado, todo lo que poseía, aquí se iba a quedar, ¡todo se había terminado para mí!

Me llegó una especie de consternación y de aprendizaje intensivo. Comprendí que es verdad, nos vamos con las manos vacías. ¿Para qué había estado acumulando tantas cosas si ya me iba a morir? ¿De qué iba a servir todo lo logrado si iba a desaparecer?

Mi existencia se extinguiría. Con esos pensamientos, me vino una profunda valoración de la vida y del tiempo. Con lo único con que te quedas es con las experiencias, con lo vivido, con las alegrías, con el amor de los tuyos, con el tiempo que dedicaste a construir momentos increíbles. Eso era lo único que había valido, lo demás, lo material, se esfumaría en segundos. ¡Todo desaparecería! A eso se reduciría todo lo material. Aquello en lo que había invertido tantos años de trabajo y lucha, eso que me habían hecho creer, que era el éxito en la vida, desaparecería.

Todo se convirtió en NADA ante la eminente presencia de la muerte tocándome el hombro.

Cuando llegas al límite de una situación así, piensas en todos esos momentos que te perdiste por estar ocupada. Valoras todo el tiempo en el que pudiste estar con tus hijas, con tu esposo, con tu familia, con tus amigos; pero lo perdiste. Alguien te hizo creer que lo más importante era el éxito económico.

¿Cómo pude creer tantas cosas que, al final, se convirtieron en creencias falsas que me privaron de estar más tiempo con los que amo? Eso es el éxito, aprovechar todos los momentos con las personas que quieres, construir esos momentos.

Eso es lo más valioso de la vida, y yo, estúpidamente, creía lo contrario. ¿De qué servirían los bienes materiales a mis hijas si no tienen a su madre ya? Lo material, al final, valía un bledo; nada, absolutamente nada, es más valioso que el tiempo con los tuyos. Solo lo comprendes cuando te das cuenta de que somos extremadamente vulnerables. En cualquier momento tu existencia se puede apagar. Así que, sabiendo esto, llega el momento de reestructurar tus prioridades, de invertir en lo más valioso que tienes en este momento, que es tu vida y tu tiempo.

Mientras todo esto pasaba por mi mente, volví a la realidad. Seguía llorando, sentada en mi cama, con el mar azul siendo testigo de mi dolor.

Entraron a la habitación las dos personas que más me dolía dejar en este mundo, mi hija menor, Sara, de solo trece años, y mi hija María José, de dieciocho años. Cuando perdí a mi mamá, yo tenía treinta y nueve. Sé lo que significaba, sé el sufrimiento que mis hijas pasarían, sé cuánto hace falta una madre. Es por eso que ellas dos me dolían más que nadie, y no porque mi esposo o mi familia no fueran a echarme de menos, pero mi experiencia, con la falta de mi madre, había sido devastadora. Yo pensaba mucho en Sarita, apenas era una adolescente, estaba en esa etapa, en la que tanto necesitas a mamá.

Y sucedió lo inimaginable....

María José, la más frágil que, por su forma de ser, tan sensible, siempre había pensado que sería quien se derrumbaría primero, a la que, según yo, me iban a tirar muy fácil, resultó que no. Ahí, mientras yo me sentía devastada en la cama, ella se me plantó enfrente y me habló con voz firme:

—¡Mamá! Quiero que sepas que Dios está aquí en mi corazón. Aquí lo estoy sintiendo. Quiero que sepas que estoy tranquila porque vamos a salir de esto. ¡Tú, vas a vivir! ¡Vamos a luchar juntas! Mírame, mamá, ¡mírame! Estoy tranquila porque esto va a salir bien.

Ella nunca lloró, ni ese día, ni en todo el proceso. Me pareció sorprendente porque María José es una joven muy sensible. Me quedé viéndola y me impresionó su templanza. Todos estaban quebrados, menos ella, que estaba de pie, como un roble.

—Esto me lo está dando Dios, mamá —continúo mi hija— esto que estoy sintiendo, mi fortaleza, es porque tengo a Dios dentro de mí y todo va a estar bien.

Yo no daba crédito de por qué María José estaba así. Eso fue como un corto circuito en mi cabeza. Quién iba a pensar que la hija a la que consideraba más sensible y frágil, en medio de ese inmenso dolor en el que todos estábamos, tomaría las riendas de la situación, con una espiritualidad inquebrantable, llena de fuerza y convicción, la cual nos transmitió a todos desde ese día.

Esta vivencia me demostró que, el ser humano, es capaz de sacar lo mejor de sí mismo ante la adversidad. Mi hija convirtió esta tragedia en una oportunidad para convertirse en una persona con una fortaleza y sabiduría impresionantes. Se estaba preparando para la vida, maduró en cuestión de horas frente a mí. En ocasiones, no nos damos cuenta de que los momentos difíciles son oportunidades para sacar una mejor versión de nosotros. Ella sí lo hizo.

Ese momento fue determinante. Fue una inyección de tranquilidad para mí. Una fuente de FE y de fortaleza.

Por su parte, mi hermana y los demás empezaron a investigar para saber qué seguía, qué se debía hacer. Hablaban con doctores, preguntaban a conocidos y a quien pudiera darles alguna idea. Sentada, con el rostro inundado de lágrimas, veía a todos enloquecidos. Entré en un momento de *no sé qué*, ni siquiera sé explicarlo, era como estar en el limbo.

En el departamento, todos parecían correr de un lado a otro. Unos con la computadora, otros con la tablet. Sin embargo, Beto se veía aturdido. Ahora, rememorando ese trágico día, creo que Beto pensaba exactamente lo mismo que yo: ¿su esposa podría morir?

—¡Beto! Tienes que hacer llamadas. Hay que buscar otros doctores —todos le daban instrucciones, pero él sin saber bien qué hacer.

Mi hermana, aunque investigaba, igual estaba aturdida. A ellos dos les pegó más. No supieron qué hacer, se quedaron sin saber cómo empezar, queriendo demostrar lo contrario, pero estaban quebrados emocionalmente.

María José, en ese proceso de reinventarse y empoderarse, tomó la batuta. Fue la que sacaba las citas, la que hablaba con el doctor y la que demostraba más tranquilidad ante la crisis.

Por primera vez, solté el control de todo. Hasta ese momento, siempre era yo la que investigaba, la que estaba viendo qué seguía, la que estaba preocupada sobre lo que había que hacer, cómo debía hacerse, la que resolvía, etc. Ese día, decidí no hacer nada. No iba a investigar nada e iba a dejar que los demás lo resolvieran. Era momento de confiar. Fue como quitarme una piedra gigante de encima.

Controlar desgasta, quita energía y esa energía ahora la necesitaba para iniciar una batalla, una que nunca, ni en mis peores momentos, pensé que podría librar.

Mi sobrina Rafaella, la hija de mi hermana, una niña de cuatro años, tiene un don muy especial. Es muy perceptiva y amorosa. Esa tarde me pidió que la bañara. Teníamos una manera muy divertida para hacerlo, pues simulábamos una lavadora de autos. Cuando le tallaba su cabello, yo hacía ruido como si fuera una máquina y le movía su cabeza fuerte. Eso era muy divertido para ella. Por eso le gustaba que yo lo hiciera. Luego del baño, su tía loca se convertía en un robot para vestirla y terminábamos el ritual del baño con "la cirquerita", haciendo una gran presentación de su maravilloso

acto acrobático: la levantaba con mis piernas como si volara.
Mientras tanto, afuera, todos se aguantaron las ganas de llorar,
con una mirada de miedo, corriendo, viendo cómo empezar
esta batalla.

Al siguiente día, viajé de nuevo a la Ciudad de México con
mi hermana y con Beto, para ver al oncólogo que atendió a
mi mamá. Fue un error. Tan solo entrar al consultorio, mi
corazón dio un vuelco: sentí que estaba viviendo otra vez la
historia de mamá. La angustia, la incertidumbre, los temores
y todo lo que no quería vivir de nuevo, ahí lo sentía.

El doctor, amablemente, me invitó a entrar en su
consultorio. Me revisó, me exploró y me dijo que era probable
que la enfermedad ya estuviera también en el ganglio. Se veía
inflamado y urgía operar. Me pidió que fuera a hacerme varios
estudios e insistió en que necesitaban operarme de inmediato,
la siguiente semana de preferencia.

¡Salí de ahí aterrada!, rumbo a hacerme los estudios.
Fueron un calvario. Al laboratorio me acompañaron mi papá,
mi hermano menor, mi hermana Janet y Beto. Todos tuvieron
que esperar afuera. Entré sola a un lugar muy grande y frío.
Caminé por un pasillo y me hicieron esperar en otra antesala,
previa a hacerme estudios.

Cuando me senté, noté que a mi lado había tres mujeres
con cáncer, ya sin pelo, que se veían muy deterioradas. Yo las
volteé a ver y me preguntaba *¿en qué momento pasó todo esto?* Hacía
pocos días estaba yo en otra realidad. Ahora estaba viviendo
una historia que no tenía nada que ver con mi vida diaria, con
la agenda planeada de esa semana, que no estaba en mi mente,
ni por un segundo, nada de lo que estaba sucediendo.

Mientras veía a las tres mujeres, pensaba en que ya estaba igual que ellas, que estaba viviendo su misma historia. El cerebro todavía no asimilaba lo que estaba pasando. La vida era una secuencia conocida y de repente se cortó, la cambiaron de manera tan absurda. Mi subconsciente no alcanzaba a comprender qué estaba pasando.

Por fin me llamaron y me hicieron el primer estudio. En ese momento empezó toda la incertidumbre, porque esta enfermedad es lo que es: pura incertidumbre.

Una amiga, hace mucho tiempo, me dijo que el cáncer es como un partido de fútbol; *le metes un gol o te mete uno y no sabes qué va a seguir, si te mete el gol, pues te paras, te sacudes y sigues, y si tú metes el gol, celebras.*

—Tienes que pasar a otra área, tu otro pecho está sospechoso —me dijo la señorita que me estaba haciendo los estudios.

¡Imagínate! Sentía que, con cada noticia, me estaba cayendo un balde de agua fría en la cara. No daba crédito a todo lo que estaba ocurriendo. Yo solo pedía que, ¡por favor!, me dieran mayor información, pero la persona se limitaba a decir que nada más era un técnico, que debía esperar para hablar con el doctor y disipar mis dudas.

De ahí, me pasaron a otra sala, igual o peor de fría, para el estudio de medio de contraste. Me canalizaron. ¡Todo el tiempo estuve sola! Me sentía muy triste, con un miedo agarrado a mi estómago que me hacía querer vomitar. Sabía que mi familia estaba afuera esperándome, pero yo iba pasando por toda esa serie de estudios adentro, sola. Era como estar en un laberinto con largos pasillos, llena de personas desconocidas, con sus batas azules, con muchas dudas, pasando de un lado a otro. La señorita técnica trataba de tranquilizarme mientras me pedía que tuviera fe, que lo iba a superar. Por fin terminaron los estudios. Salí y pude ver a mi familia. Cuando salimos, nos fuimos al hotel.

Más tarde, mi hermana Janet habló por teléfono con uno de sus amigos. Se hicieron amigos porque él era su dentista, su nombre es Baltazar.

Es increíble cómo en la vida todo es un sistema de personas, con las que se van conectando y entrelazando nuestras historias. Uno te lleva a otra y así fue conmigo, porque aparecieron personas que nunca imaginé. Una conocida de otra, un amigo de alguien, y así se fue armando todo un ejército de ángeles para ayudarme.

—Baltazar, mi hermana está pasando por el cáncer. ¡Estoy desesperada! —le dijo mi hermana.

—Tengo una paciente que es mi amiga, se llama Michelle y vive en Los Ángeles, déjame localizarla, estoy seguro que ella las podrá ayudar —le respondió Baltazar.

Michelle es benefactora de un hospital. Después de su experiencia con cáncer de mama, también ha ayudado a la investigación del tipo de cáncer que le dio a ella. La pasó muy mal con su padecimiento. Tuvo el cáncer más agresivo que hay. Le tuvieron que dar muchas quimios. Fue ella la que me enseñó que a las personas que enferman de cáncer y que lo sobreviven, les llaman: *mariposas*. Cuando lo supe, no dimensioné lo cierto que es, pues pasas el mismo proceso de una mariposa en la enfermedad. Es una metamorfosis, una transformación que, cuando pasa, te lleva a volar en una vida más plena, a sentirte una bella mariposa y a aprovechar todos los vuelos que vengan por delante.

Baltazar habló con Michelle. Ella le pidió que nos invitara a cenar a su casa. Lo primero que quería hacer era conocerme a mí y a mi familia. Así que viajamos a la ciudad de Los Ángeles.

Dentro de todo lo que estábamos viviendo, también sucedieron cosas muy divertidas. Resulta que, para nuestro encuentro con Michelle, nos fuimos con bastante tiempo de anticipación. Pasamos por flores y una botella de vino, íbamos todos arregladitos. El tráfico hizo de las suyas y, como su casa queda en medio de unos cerros, perdimos la señal del GPS y este nos llevó a una casa equivocada; de pronto vimos una residencia muy grande.

En medio de la desesperación de que ya íbamos tarde, con toda la seguridad de la que éramos capaces, le dimos la orden de abrir al vigilante. Le dijimos que nos estaban esperando para cenar; lo hicimos con tanta convicción, que él acató la instrucción de inmediato, pero cuál fue nuestra sorpresa que, al bajar corriendo, a la puerta salió una cantante famosa, a quien reconocimos en el momento, misma que se asustó con nuestra presencia y nos corrió de ahí. Los encargados de seguridad nos invitaron a salir de la propiedad. Era la casa de Christina Aguilera y nos habíamos metido sin invitación.

¡Qué locura! La verdad es que, al subir al coche, nos reímos mucho. No dábamos crédito a lo que nos acababa de pasar y, por primera vez en la vida, habíamos sido sacados, corridos o invitados a salir de una casa.

Por fin, llegamos con Baltazar. Estaba nervioso por nuestra tardanza. Nos esperaba en la entrada para llegar juntos a nuestro encuentro con Michelle. Recién entré a su casa, ella me recibió con los brazos abiertos. Me abrazó. Michelle tiene una bonita sonrisa, es delgada, tiene unos hermosos ojos azules y cabello rubio. Al momento, sentí que ya la conocía. Fue una extraña sensación, algo que no puedo explicar. Era como si siempre la hubiera conocido. La ternura y cariño con el que me arropó fueron indescriptibles. Para mí era alguien conocido, alguien con quien me sentía protegida.

Mi mamá falleció hace varios años, pero yo acostumbro hablar con ella. Tengo un diálogo interno y constante con mi mamá, como si fuera mi ángel. Ella, en vida, fue mi mejor amiga, mi asesora. Además de ser mi madre, era una mujer extraordinaria. Por lo regular, mis amigas terminaban buscándola para pedirle consejos. Creo que tenía una sabiduría innata y, sobre todo, una combinación de mujer fuerte, divertida y a la vez amorosa.

El día de la cena con Michelle, por la mañana, estaba enojada con mi mamá. Le dije:

—¡Mamá, no me cuidaste! ¿Por qué permitiste esta enfermedad?

Cuando llegué con Michelle, en la noche, pasó algo muy raro. Me abrazó y juro que yo sentí a mi mamá en ella.

Baltazar, un hombre muy alto, moreno y con lentes, al ver mi encuentro con Michelle, se conmovió hasta las lágrimas.

Lo que urgía era que me operaran. Era una de las razones por las que estábamos ahí. Hay protocolos que debes seguir y puede pasar mucho tiempo antes de que ingreses al hospital para la cirugía.

—¡Siéntate aquí! —me dijo Michelle con voz suave. Me tenía preparada una televisión, en una sala muy acogedora, con sillones grandes, llenos de cojines.

En la esquina estaba un hermoso perro labrador echado, observándolo todo. Luego, continúo hablando.

—¡Te voy a poner un video de lo que viene! Es un video que yo hice de mi historia y de todo mi proceso, para que te familiarices con lo que viene.

—¡No quiero ver! —le dije, porque me aterré tan solo con la idea—. No quiero ver que me voy a quedar pelona. No quiero ver que me voy a poner mal en las quimioterapias.

Es importante aprender a decir no, solo tú sabes lo que estás sintiendo. Necesitas cuidar tus emociones lo mejor que puedas. Aun cuando los demás hagan las cosas con una buena intención, solo tú sabes qué necesitas para estar lo mejor posible.

Michelle, con toda la comprensión del mundo, no puso el video. Ella siempre fue muy atenta conmigo. Fue un gran Ángel para mí. En esa ocasión, hizo una cena de Acción de Gracias para conocerme, aunque corría el mes de junio.

—Vamos a hacer una cena de Acción de Gracias porque tú vas a estar bien —dijo.

Pasamos a la cocina donde había una mesa larga. En el ambiente se percibía un rico aroma a pavo recién horneado, mismo que estaba en la barra desayunadora, listo para ser cortado. El lugar era bastante cálido. Cuando comenzamos a cenar, de repente, Michelle agarró el pescuezo del pavo y se lo empezó a comer con las manos, diciendo que era su parte preferida. Janet, mi hermana, que estaba a mi lado, con ojos de sorpresa me preguntó:

—¿A quién te recuerda?

—¡A mi mamá me recuerda!

En mi casa nunca nadie quería el pescuezo, solo mi mamá lo comía, era su pieza favorita. Cuando vi a Michelle comiendo ese pescuezo de pavo, vinieron a mi mente recuerdos de mi mamá.

A partir de ahí, Michelle ya no me soltó. Ella se encargó de conseguir los doctores que iban a operarme y a apresurar todo.

—Te vas a recuperar —me dijo un día Michelle—. ¡Ten fe! Todo va a salir bien. ¡Mírame!, yo como estoy de bien.

Ella fue una persona muy importante en todo mi proceso. Era la única de quien consideraba válido lo que me dijera. Era ley aquello que ella hablara, había superado esta difícil prueba. Cuando me dijo que las cosas iban a salir bien, al momento, empecé a tranquilizarme. A cada instante, ella fue siempre muy cariñosa conmigo. Ahí empezamos a organizar todo para mi operación. Tenía que esperar una semana y venía mi cumpleaños.

Michelle fue una persona significativa y vital en mi proceso, porque ella vivió lo mismo que yo. Así como yo en este momento, que ya lo viví y que ya lo superé, quiero ser esa persona; quiero ser la Michelle para ti. Decirte que, aunque hay momentos que te derrumban, ¡sí se puede!

Cuando tú te enteras de que una persona como Michelle o como yo lo logramos, en ese momento te puedes empoderar y decir:

¡Yo también lo puedo hacer porque lo estoy viendo,
porque es una evidencia real, lo veo, lo escucho, lo leo!

Este es el momento de decir qué actitud quieres tomar ante la enfermedad. Si tú decides poner toda tu atención en la vivencia de otra persona que lo logró, te darás cuenta de que también podrás. Necesitas empezar a fortalecerte y buscar mecanismos para lograrlo. Buscar qué te va a ayudar a sacar esta lucha adelante; el amor a la vida, el amor a tu familia, el amor a tus hijos, a tu esposo, a tu pareja, a los amaneceres, a los atardeceres.

Yo, en los momentos en los que me sentía triste, escuchaba música alegre con la que estaba condicionada a un estado emocional positivo. Evité escuchar música que me llevara a emociones de tristeza o de angustia.

Es muy importante que, así como me pasó a mí, también tú sientas certeza de que todo va a estar bien y te aferres a ella. Te aferres a esos momentos que quieres vivir, que te faltan por vivir; te aferres con toda tu alma al siguiente día y a que todo va a estar bien. Y que todos los días te digas, que *todo va a estar bien*, que *tú vas a estar bien* y te llenes de todo el amor posible.

Cuando haces conciencia de que tú también lo puedes lograr, empiezas a abrirte a todo ese amor. El miedo bloquea todos los sentimientos, pero cuando comienzas a creer, permites que lleguen esas energías de amor y de fe de la gente, de todas esas oraciones que van dirigidas para tu recuperación. Te vuelves como una esponjita de toda esa energía positiva, de amor; sin embargo, necesitas permitírtelo, porque es lo que te va a dar la fuerza y el temple para enfrentar la enfermedad. Quiero que sepas y lo creas con toda el alma, ¡vas a poder con este reto!

Es por eso que aquí te comparto el código QR de una rutina de poder. Es una herramienta que te ayudará para entrar a estados emocionales favorables y así hacer frente a las adversidades, tal como yo lo hice.

GENERANDO EMOCIONES POSITIVAS

Es importante, primero que nada, detenerte y darte cuenta de las emociones que estás teniendo y recuperar el control de ti mismo. Si son emociones de miedo, frustración, tristeza o alguna que no te guste, primero quiero decirte que son completamente normales y el cerebro está reaccionando a algún pensamiento o vivencia y no sabe específicamente qué hacer.

Aquí actúa y trasmuta, lo primero es decirle que pare de generar esos pensamientos catastróficos. Acabo de aprender una frase que me encantó y que me digo cuando empiezo a pensar cosas feas: *¡Si no piensas bien, NO PIENSES!*

A continuación, realiza estos 5 sencillos pasos para generar emociones positivas. Busca un lugar que sientas adecuado y cómodo:

1. Toma tres respiraciones profundas.

- Busca una posición parado/a donde te sientas cómodo.
- Respira profunda y lentamente.
- En cada respiración cuenta hasta 10 mientras inhalas y piensa que estás inhalando paz y tranquilidad.
- Exhala de la misma manera mientras liberas el miedo, enojo o lo que esté haciéndote sentir mal.

Tu atención ponla solamente en tu respiración.

- Puedes ir subiendo el conteo en cada respiración

2. Toma una postura de superhéroe que te haga sentir empoderado/a.

3. Ahora trae a tu mente algún recuerdo donde te sentiste muy fuerte, invencible y capaz de resolver -con toda seguridad- una situación o problema. ¡Eso muy bien!

- Respira profundo y haz más grande esa imagen en tu mente, lo más posible; ponle colores, movimientos o sonidos. Mantén la postura cada vez más fuerte y derecho, con una sonrisa que te emocione.

4. Trae a tu mente una frase que te haga sentir empoderado/a, ¿cómo te dices cuando estás seguro/a? ¿Cómo te hablas cuando sabes que

puedes lograrlo? Repítela en tu mente varias veces y respira profundo. Date cuenta de cómo tu cuerpo responde y siente esas sensaciones increíbles que estás generando. Respira profundo, sonríe y párate firmemente (más recto, levanta tu barbilla, orgulloso/a de lo que eres capaz). Ahí está esa increíble sensación que generaste. ¡Muy bien, ya está instalada en todo tu cuerpo y mente!

5. Para terminar, respira con más fuerza y profundidad. Repite en tu mente -o escucha con voz alta- las tres frases que te genera esa sensación de seguridad; pueden ser palabras, imágenes de personas que te hacen sentir protegida, sonrisas de alguien, la mirada de alguna persona, las palabras de algunas canciones, etc. La finalidad es que te recuerde que puedes salir adelante. ¡Sonríe, que sea una gran sonrisa!

Escribe las palabras que te recuerden este momento en un *post it* y ponla donde la veas fácilmente y te regreses esa sensación .

Cuando sientas que el mundo se te viene encima, haz este poderoso ejercicio en algún lugar a solas, las veces que quieras y nota cómo cambian las emociones en solo unos minutos de forma impresionante. Estoy segura que te ayudará a seguir adelante.

Escanea el Código QR o entra a la página http://
elregaloquenopedi.com/ para encontrar este
ejercicio.

2

CUANDO ACEPTAS CON HUMILDAD Y PASAS DE BUSCAR EL PORQUÉ AL PARA QUÉ

Dios utiliza a la persona para acelerar
sus procesos de aprendizaje; de ella y
de las personas que la rodean.

Cuando me enteré de la enfermedad, me quedé muda. Después de ser tan parlanchina, me quedé callada. Estaba en un estado en el que no podía hablar, emitía las palabras *sí* y *no*; pero no podía hablar. Me sentía en un momento de bloqueo. No sé ni cómo llamarlo. Fueron muchos días así, o más bien, semanas.

Mi hermana, en su desesperación por querer ayudar, me avisó que, a mi llegada a Los Ángeles, iríamos con un doctor. Pensé que sería un oncólogo. Me dejé guiar. Ella mencionó que una amiga suya le había conseguido la cita, que corrí con mucha suerte porque es muy difícil verlo. Pensé que sería un médico muy reconocido y profesional.

Llegamos a la consulta. Después supe que el doctor, de origen africano, es el creador del Naam Yoga. Desarrolla mantras y tiene dones espirituales. Ahí conocí a Renata, quien es su asistente y su mano derecha. Yo estaba confundida, pensaba que era un especialista en mi enfermedad.

Me senté a esperar. Al poco tiempo llegó el doctor Levry, vestido con una túnica de colores vivos. Me atendió. De esa cita, lo que más valoro fue haber conocido a Renata, que hasta el día de hoy me da acompañamiento espiritual. Es mi amiga.

La conversación con el doctor Levry me pareció interesante y con intenciones positivas para el momento que estaba viviendo. Me dijo con gran convicción:

—¡Tú vas a salir bien! Necesitarás hacer estos mantras con tu familia y leer la Biblia en estos capítulos.

Me habló de que, en esta enfermedad que se me había dado, no era importante preguntarse el porqué de la misma, sino lo que yo hiciera ahora para salir adelante.

El doctor Joseph Michael Levry es una persona con mucha sabiduría y lo considero un gran sanador espiritual. Ha escrito varios libros y creado unos mantras que ayudan a las personas. Él sostiene que la mayor parte de nuestro cuerpo es agua y que los mantras vibran en nosotros. Así como cuando escuchas una ambulancia, tu cuerpo vibra para el miedo. Esos mantras, que él creó, vibran para la tranquilidad y para darte paz.

Renata, por su parte, es un ser humano excepcional. Ella es de estatura media, rubia, atlética y de ojos azules profundos. Es de Brasil, pero lleva muchos años en Los Ángeles. Siempre está sonriendo e inspira mucha confianza y amor. Es una persona que ha dedicado su vida a ayudar a los demás. Me dijo todo lo que teníamos que hacer. Nos dio una clase de yoga para realizar por las noches y mantenerme cada vez más tranquila. Los ejercicios que me dio fueron muy efectivos, complementaban el acompañamiento emocional. Nos hacían estar tranquilos dentro de todo el caos, enfermedad y estudios médicos.

Renata me ponía los mantras del Dr. Levry cuando me operaron. Mientras estuve en recuperación, fueron mis hijas las que los ponían. Renata siempre me mandaba mensajes y estaba al pendiente de mí. También me daba aliento y me repetía que todo estaría bien. Me apoyaba para hacer los ejercicios que me relajaban muchísimo. Cada vez que los hacíamos, al terminar, platicaba conmigo por horas.

Era con quien más hablaba, pues aún no tenía ganas de conversar con nadie más. En alguna ocasión me dijo:

—Miriam, Dios utiliza a una persona para acelerar sus procesos de aprendizaje; de ella y de las personas que la rodean, cuando pasan situaciones muy fuertes, como la tuya. Créeme, mucha gente va a cambiar a tu alrededor con tu historia.

Yo soy la mayor de las nietas, de una familia muy grande, con más de cien integrantes, de esas familias típicas mexicanas muy unidas. Tengo muchos grupos de amigas, siento que genero confianza en ellas y que, de cierta forma, influyo también en ellas. Tal vez porque he tenido muchos retos y adversidades en la vida. También por mi capacidad para recuperarme rápido de los tropiezos, la cual ha sido probada en varias ocasiones.

—¡Mucha gente va a regresar a orar! Lo que te está pasando a ti, está impactando a tu alrededor. Todo es un sistema —concluyó Renata.

Después de escucharla, algo empezó a hacer sentido en mí. Yo estaba enojada, pensaba *¿por qué a mí?* Si ya mi mamá había pasado por esa enfermedad también, ¿por qué ahora me tocaba a mí? En algún momento le dije:

—Renata, es que yo no sé por qué me pasó a mí. Yo he sido una buena persona y considero que, si bien no he hecho a gran escala algo para ayudar a las personas, sí he ayudado a la gente que estaba a mi alcance. Soy una persona que siempre se preocupa porque todos estén bien.

—¿Y por qué no? —me preguntó ella y, después de una pausa, continuó—. Tú eres también una hija de Dios, como todos.

Fue ahí donde sentí una sacudida fuerte en mi cabeza. *¡Pues sí!* —pensé— *Entonces, ¿por qué no a mí?* Comprendí con humildad que debía dejar a un lado el ego y decir: —*¡Dios, tú, has decidido que sea yo! Y así lo acepto, como cualquiera de tus hijas.*

Era muy valiosa la idea, dejar de desgastarme pensando *¿Por qué a mí?* Toda la energía que estaba poniendo en esa pregunta, estaba perdida y destinada a la basura. Lo que importaba era usar esa energía para curarme, no para desgastarme. Como dice la PNL (programación neurolingüística), en el camino ir descubriendo **el beneficio ecológico** que dejan las situaciones difíciles.

Es decir, encontrar la **intención positiva** que deja la vivencia, la sabiduría y el aprendizaje de cada experiencia de vida: el "para qué".

Desde los treinta años he experimentado y aplicado las herramientas de la PNL con mucho éxito en mi vida. En mi enfermedad las empecé a usar también para recuperarme, para vivir, para salir adelante. Aquí te las voy a ir compartiendo, en mi historia, para que puedas aplicarlas del mismo modo a tu vida y a lo que sea que estés viviendo.

Con los comentarios de Renata pensé también en los cambios importantes que iban a tener muchas personas.

Amigos y familiares que ya ni siquiera oraban volvieron a tener a Dios como su aliado. Empezaron a hacer oración de nuevo, por mí, para ayudar. ¿Tantas personas estaban impactadas de que yo estuviera enferma? No daba crédito a que en un segundo te puede cambiar la vida.

Comprendí que se trata de aceptar la enfermedad. De decir: *Muy bien, era a mí. ¡Ok, Dios! ¡Aquí estoy! Dispuesta a asumir la batalla. ¡Estoy segura de que hay una buena intención!*

Y lo iba a descubrir en el proceso, tanto dolor no iba a ser en vano. Era una oportunidad para un gran aprendizaje. No iba a dejar pasar nada por alto para que valiera la pena.

Ahora sabía que esta difícil situación iba ser una tremenda oportunidad para mis amadas hijas de obtener sabiduría. Era una enseñanza de vida, que las prepararía para su propia historia. Estaban observando cómo respondía su madre ante la tragedia. ¿Qué les iba enseñar en este curso intensivo de vida? ¿La victimización o la fortaleza? ¿El miedo o la fe? Esa era decisión mía, necesitaba elegir.

En esos momentos, me hice consciente de qué es lo que elegía para iniciar la batalla por mi vida. Me quedaba claro que no siempre estaría para proteger a mis hijas. Ellas necesitaban aprender cómo responder ante la vida. Esta era una oportunidad para enseñarles a enfrentar sus propias vivencias; esa lección se las daría su madre con el ejemplo. Era lo más valioso que yo podía hacer.

Al mismo tiempo, yo continuaba mis negociaciones con Dios. Lo que pasa en nuestras vidas depende de él. No se mueve nada sin que él lo permita. Eran mis diálogos, mis términos para arrancar esta lucha. Por lo menos, sentía que eso me fortalecía.

En mi familia, ya conocíamos el sentimiento que deja la pérdida de una hija con la muerte de mi amada sobrina Azul, a sus escasos tres añitos, hija de mi única hermana. Sabíamos el dolor tan inmenso, el más grande que puede tener un ser humano: perder un hijo. Ella había fallecido de forma sorpresiva por una arritmia cardiaca.

Los primeros días después de mi diagnóstico, mi hermana Janet se sentó junto a mí. En sus ojos se puede ver la infinita tristeza que la invade al hablar de Azul.

—¡Me gustaría que la que se hubiera muerto, hubiera sido yo, no mi hija! —me dijo con voz resuelta y firme—. A ti te está tocando y sé que es muy fuerte lo que estás viviendo, pero no le tocó a tus hijas, ellas están bien.

Ese comentario fue muy impactante para mí. Como mamá, sin miedo a equivocarme, prefieres vivir tú las cosas dolorosas, la enfermedad o todo lo malo que pueda pasar, antes que a tus hijos. Fue tan determinante escuchar eso, que mi aceptación fue inmediata. Cuando empiezas a darte cuenta de todo esto, aceptas lo que te sucede sin vacilación.

Aun en la enfermedad y en las tragedias sigue habiendo bendiciones en tu vida. Hay cosas extraordinariamente buenas a tu alrededor, como la salud y vida de los que amas. Vale la pena una mala experiencia porque incluso en el dolor y miedo logras descubrir, si te lo permites, regalos que no pediste.

Yo tenía la enseñanza de mi amada hermana. Después de la gran pérdida de su hija, ella salió adelante. Se dio cuenta de que en medio de la tragedia, el amor de su familia la ayudó a salir, a superarlo. Hoy, aunque siempre dice que la pérdida de Azul es algo con lo que vive, la vida le siguió dando la felicidad con otros dos hijos que vinieron posteriormente y con los que comparte la alegría de vivir.

Renata, hasta el día de hoy, me hace acompañamiento espiritual. Habla conmigo y está muy al pendiente de mí. Su presencia ha sido muy valiosa en mi vida.

Durante mi tratamiento, ella nos dijo que todas las noches hiciéramos ejercicios de yoga y mantras. Yo notaba cómo Beto y mis hijas se tranquilizaban al hacerlo. Les ayudó a estar bien durante todo el proceso de quimioterapias y también durante la operación, que fue una historia extraña porque duró diez horas, cuando nos habían dicho que serían solo cuatro. Mi familia estaba con mucho miedo de que algo hubiera salido mal. Sin duda, saber meditar, escuchar mantras y hacer yoga, te ayuda a enfrentar retos como estos. Te mantiene de pie y con la mejor actitud cada día de la batalla. Son herramientas muy valiosas que hacen que te mantengas como guerrero, apoyando a tu familiar para seguir adelante.

Durante semanas, no tenía ganas de hablar. No quería decir nada. No deseaba tener contacto con las personas. Estaba en mi proceso interno de aceptación. Es válido, permitirte sentir lo que sea sin que te sientas comprometida con nadie más que contigo misma. Haz las cosas a tu ritmo, a tu tiempo. Cada uno tenemos diferentes procesos y deben ser respetados. Las personas que te quieren lo respetarán sin juzgar.

No hablaba, solo leía los mensajes amorosos y alentadores en el celular. Estos, se convertían en un motor que me llenaba de energía para continuar. En esta lucha me sentía acompañada de mis amigas y de toda mi familia. Sentía sus oraciones y su energía en la distancia.

Días después de mi operación, una de mis mejores amigas, Faby, voló a Los Ángeles para verme y lo primero que me preguntó llorando fue:

—¿Por qué a ti, si hay tanta gente mala en el mundo que de verdad se lo merece?

—Amiga, ¿y por qué no a mí? —respondí con mucho amor—. Esa no es la cuestión, no es la pregunta, ni es el sentido. Si te enfermaras porque eres malo, ya estarían todos los maleantes de este mundo con cáncer. ¡No va por ahí, Faby! —terminé consolándola a ella.

Yo ya había aprendido la lección de humildad y aceptación, era momento de transmitirla. Estaba cumpliendo con lo que me prometí aprender de esta vivencia y transmitirlo a los que amaba.

Lo peor que te puede pasar en esta vida es vivir momentos de tanto dolor y perder el aprendizaje de la misma, por estar sumergido en el sufrimiento o el miedo. Ahí, justo en esas vivencias, existe gran sabiduría y lecciones que harán de ti una versión extraordinaria, para vivir una vida plena, feliz. ¡Pero eso depende solo de ti y que te lo permitas!

TÉCNICA: EL EQUILIBRISTA EN EL AIRE
Por Ivonne Hernández

Si estás pasando por una situación difícil, quizá te preguntes *¿por qué a mí?*

Las preguntas que nos hacemos son muy importantes, pues sus respuestas nos llevan a generar un estado de víctimismo o de responsabilidad. Si descubres que, cuando hacemos las preguntas correctas, podemos sentirnos y tener una actitud diferente, es entonces que nos centramos en las preguntas para obtener diferentes respuestas y ver las oportunidades dentro de un panorama que parece gris.

Puedes seguir estos pasos para poder tener una perspectiva distinta:

1. Imagina que estás parado en algún punto o lugar en el piso, o si lo puedes hacer de forma física hazlo. Párate e imagina que debajo de ti hay un cable como el de un equilibrista.

2. Ahora imagina que tu cuerpo permanece en el piso, pero que por un instante el cable se levanta, y es como si te elevaran, pero no tienes miedo, pues no existe la posibilidad de caerte; pero tú puedes verte a ti mismo hacia

abajo, mientras tu alma flota sobre el cable manteniendo el equilibrio.

3. Ahora imagina que te ves a ti mismo desde arriba. De esta manera, ahora tienes una perspectiva diferente de ti, puedes observar el entorno y la situación desde otra perspectiva. No encuentras razones para sentir miedo o dolor; quizás puedas darle un consejo a tu yo que se encuentra parado en el piso.

4. Probablemente te haga falta un poco más de información. Imagina que el cable del equilibrista se eleva aún más y tú sigues ahí, manteniendo el equilibrio, concentrado en tu respiración, haciéndola aún más lenta y estando completamente relajado. No existe el miedo en ese lugar, pues no existe la posibilidad de que tu cuerpo caiga, ya que este sigue en el piso, en la tierra, y es solo tu alma y mente las que flotan. Mantente en esa lugar por unos segundos, concentrado en tu respiración, y baja tu mirada para que puedas observar desde lo alto.

5. Ahora tu percepción cambió aún más. Quizá puedas ver las alternativas que necesita hacer tu cuerpo para hacerlo sentir bien. Sigue concentrado en tu respiración y observa cómo el temor desaparece, cómo tu cuerpo tiene la sensación de estar relajado y flotando.

6. Ahora respira más profundo y siente cómo el cable del equilibrista se eleva cada vez más, llevándote a un nivel mucho más alto, donde

el aire es mayor, con lo cual tu mente sabiendo que no existe la posibilidad de caer, solo puede disfrutar. Concéntrate en tu respiración y sigue manteniendo el equilibrio. Resiste, solo resiste, siendo capaz de disfrutar.

7. Respira más profundo, inhala con mayor intensidad y fuerza para después expulsar lentamente el aire por la nariz. Imagina que el cable es llevado a un nivel más alto, pero tú sigues parado y manteniendo el equilibrio. Respirando lento y concentrado en tu respiración. Tu mente sabe que tu cuerpo sigue abajo, así que solo toma fuerza tu alma, generando un nivel de confianza sumamente alto. Respiras lento y fuerte, te sientes mucho más invencible. Lentamente miras hacia abajo y ves que tu cuerpo sigue ahí. Ahora puedes ver lo que antes no veías. El viento aumenta, pero tú sigues concentrado y en equilibrio, mantienes tus ojos cerrados y solo sientes cómo una fuerza interior te invade.

8. Quizá en este momento te detengas a agradecer muchas cosas que antes no veías. Quizá puedas agradecer y bendecir lo que hoy tienes.

9. Respira lento y ahora siente cómo, poco a poco, el cable donde permaneces en equilibrio empieza a bajar despacio y suave. Al bajar sigues concentrado en tu equilibrio, hasta que llegas a tu cuerpo.

10. Con una perspectiva diferente anota en una libreta lo que percibiste:

- ¿Qué cosas pudiste observar?
- ¿Qué puedes agradecer en este momento?
- ¿Qué estás dispuesto a hacer o cambiar para sentirte bien?
- ¿Qué cosas dependen de ti para estar mejor?
- ¿Con qué recursos cuentas en esta situación?
- ¿Qué es lo que más te motiva para seguir adelante?
- ¿A qué te comprometes contigo mismo?

Al terminar, firma tu compromiso contigo.

De igual forma, puedes encontrarlo escaneando el siguiente código QR o puedes entrar a la página http://elregaloquenopedi.com/:

3
MI CUERPO JAMÁS SERÁ EL MISMO

¡Cada cicatriz que llevas en tu cuerpo
se convierte en una señal de orgullo
y un recordatorio de que lo lograste!

La mente es muy poderosa. En medio de tanto miedo y dolor, puedes hacer una pausa y disfrutar; tomar la decisión de estar bien. Suena loco, ¿no? Pero, si así lo quieres, lo puedes hacer. La decisión está en ti".

Estaba a diez días de mi operación y a unos días de mi cumpleaños. Llegó mi familia a verme. Ellos saben que me encanta Las Vegas y nos escapamos para allá unos días antes de la operación. ¿Qué haríamos tantos días esperando a que llegara la cirugía, ahí tronándonos los dedos? Dijimos *¡Vámonos!* y nos fuimos.

Durante esos días anduve con ellos. El día de mi cumpleaños cenamos sushi, ¡que me encanta!, en un restaurante muy moderno. Mi papá nos acompañaba también. Él, en esos momentos, era un hombre de setenta y siete años, doctor y muy aprensivo con sus hijos. Yo no podía imaginar todo lo que pasaba por su cabeza, con una hija enferma de cáncer y que él, como médico, sabía muy bien de la seriedad del asunto. Él ya había perdido a su esposa siete años atrás, exactamente del mismo padecimiento. Pasó tres años inmerso en un enorme dolor y duelo. Imagínate la pesadilla que él estaba viviendo en ese momento. Mi papá, mi viejo, estuvo pegado conmigo en todo momento, muy pendiente del tratamiento y opinando siempre sobre el mismo. Él, durante treinta años, sirvió fielmente y con una enorme entrega en el IMSS, así que sabía muy bien de la enfermedad.

Después de la cena nos metimos a un concierto de la cantante Jennifer López. Recuerdo que nos burlábamos mucho de mi papá, porque estuvo con la boca abierta durante todo el concierto. Ahí paradito, sin moverse, ni siquiera el ritmo de las canciones lo sacó de su concentración y embobamiento hacia ella. En fin, todos le pusimos pausa a la tragedia y decidimos pasar esos tres días como si todo estuviera bien.

Regresamos a Los Ángeles a preparar todo para mi operación.

Al querer entrar a cirugía hubo algunas complicaciones. Se suponía que el seguro estaría a cargo de todo y, unas horas antes, nos hablaron del hospital para decirnos que el seguro no respondía, que había que pagar o de lo contrario se cancelaba la operación. Si lo hacían, había que volver a reprogramar todo, no solo la operación.

Fue un caos. Yo estaba en la histeria, peleando con los del seguro. Las tarjetas no las aceptaban para pagar y el costo de la cirugía era muy alto. Después de un rato, todo se resolvió. Yo me sentía frustrada y tenía cierto coraje con todo lo que estaba pasando, con la situación. Tenía una mezcla de sentimientos, miedo y rabia. Ahí me desquité con la persona del seguro, aprovechando su incompetencia, misma que sirvió para desahogarme de la revolución de sentimientos que tenía en mi corazón.

Recuerdo que, un día antes de la operación, me subí a la caminadora, en el jardín de la casa de mi hermana. Sabía que sería la última vez que correría así por un largo tiempo. De hecho, no sabía si lo volvería a hacer. La situación era incierta. Corrí, corrí como gacela. Quería que ese momento no acabara nunca, era una facultad que iba a perder al siguiente día. Yo quería mantenerla por siempre y, mientras escuchaba la canción *I will survive* de Gloria Gaynor, mis lágrimas se mezclaron con el sudor. Seguí corriendo, sacando todo el dolor y tristeza que en ese momento embargaba mi alma.

A medida que corría, salía de mí la impotencia y los miedos. No quería que acabara, me hubiera gustado tener mucha energía para que durara más, la que podía ser mi última corrida. En general, valoras tu físico, tus piernas, ese aire que sientes en tu cara cuando corres.

¿Cuántas personas el día de hoy tienen todas esas facultades y no las valoran por tantos distractores en su vida, porque las dan por sentado? Se pierden la maravillosa oportunidad de agradecer caminar, respirar, ver este nuevo día y tantas cosas que se nos regalan continuamente.

De alguna manera, en esa ocasión, yo estaba despidiéndome de algo que todos creemos bastante común, la capacidad para correr.

Algo que aprendí en este proceso, fue agradecer cada día por lo menos diez cosas que iban pasando en mi día a día. Despertar, respirar, oler, ver a mis hijas, alguna llamada de alguien muy querido para mí, un mensaje que me sacaba una sonrisa. Todo lo que me ocurría en un día, desde lo más pequeño hasta lo más grande. Tú también puedes hacerlo, puedes ir escribiendo en una libreta. Este ejercicio es maravilloso, pues crea conciencia de las cosas buenas que suceden en tu vida. La gratitud es un sentimiento hermoso que ayuda a valorar y sirve mucho, sobre todo en momentos difíciles, porque te das cuenta de que son más las cosas buenas que tienes, que las malas. Y eso le da un significado muy grande a tu existencia. Te invito a hacerlo y te darás cuenta de todo lo que hay positivo en tu vida.

La cirugía fue por la mañana. Llegamos todos muy temprano al hospital. Tomamos un par de elevadores hasta llegar al lugar donde me despedí de mi familia para entrar a cambiarme. Recuerdo todos los sentimientos de temor que me acompañaban en ese momento. Entré al baño a ponerme la bata azul, típica de los hospitales. Tenía mucho frío. Los nervios empezaban a hacer de las suyas, pues empecé a hacer un acto de reflexión ya acostada en la cama. Hablaba con Dios, pidiendo perdón por todo lo que tuviera pendiente. Quería entrar tranquila y en paz al quirófano, que nada rondara en mi cabeza, ninguna preocupación, abandonándome con fe a lo que venía. Hice oración y pedí por las manos de los doctores que me operarían para que hicieran bien su labor. Recuerdo perfectamente el quirófano, demasiado frío, el olor a desinfectante y un círculo de luz blanca sobre mí, la mano tibia de la cirujana apoyada suavemente en mi brazo, diciéndome que todo estaría bien. Fue lo último que escuché, pues la anestesia hizo efecto. Ahí, en esa cirugía, me quitaron los dos pechos.

Me dijeron que la cirugía duraría cuatro horas, pero duró diez. Yo seguía anestesiada cuando salí, estaba muy adolorida por tantas horas de manipulación. Me habían vaciado mis pechos. Afuera, en la sala de espera, en ese gran espacio silencioso, con alfombra azul y paredes blancas y frías, se encontraban mi papá, Beto y mi tía Magaly, que es como mi mamá, misma que, desde que mi madre murió, siempre estuvo muy pendiente de mi hermana y de mí. La tía Magaly es una persona muy amorosa con mi familia y ahí estaba ese día, con un profundo miedo y viendo repetirse la historia de su hermana, ahora en mí. También estaban mis hijas, mi hermana y mi sobrino Arturo. Todos estaban angustiados porque no salía del quirófano.

La operación duró bastante y pensaron que algo se había complicado. A las diez horas, salí de la operación. Cuando abrí los ojos, no sé si producto de la anestesia, pero yo me veía como si estuviera afuera de mi cuerpo, como alucinando. Veía una habitación muy amplia, con un sillón donde estaba sentado Beto en una esquina, y escuché los mantras del Dr. Levry, que mi esposo me había puesto para tranquilizarme.

Un sentimiento de impotencia se apoderó de mí, había perdido una parte de mi cuerpo. Cuando me volteaba a ver me miraba toda plana, después de que toda la vida me había visto voluminosa.

Fue un gran impacto para mí. Me sentía mutilada. Me llegó esa sensación muy fuerte, de frustración y dolor.

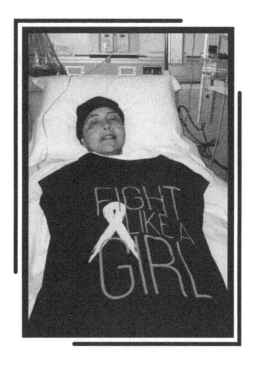

En mi proceso.

Estuve un par de días en el hospital. Cuando me dieron de alta, me llevaron a una casa, que mi hermano Jorge me prestó para mi convalecencia. No me podía parar. No me podía mover. Estuve muy incómoda más de 10 días en cama sin poder moverme, sin voltear ni a un lado ni al otro.

Recuerdo que los primeros días postrada en cama, abría los ojos y, sentado a mi lado, veía a mi esposo, vigilando mi sueño amorosamente. Lo veía, me sabía acompañada y volvía a dormir, entregándome al sueño sanador que tanta falta me hacía. A mi lado, había una ventana enorme desde donde se veía un hermoso cerro. Todos los días lo contemplaba y me admiraba de lo bonito que se veía. Cada día descubría algo diferente en ese paisaje natural que me acompañaba. Aprendí a observar con detenimiento. Cada detalle, cada color, cada forma me parecía hermosa. A partir de ahí, admiro más todo lo que me rodea. En ese tiempo, seguía tomando las enseñanzas positivas que me estaba dejando la enfermedad.

A medida que fueron pasando los días, me sentía tranquila, pues ya no tenía ese tumor maligno dentro de mí. De repente, me daban lapsos en los que sentía que no podía respirar, pero eran ataques de ansiedad, pues perdí sensibilidad en el pecho. Me dejaron unas bolsitas para irlas llenando con agua. Pensé: *Es esto o tu vida*. Comencé a decirme:

—En esta vida hay prioridades y los pechos tuvieron una valiosa función, como amamantar a mis hijas; ya cumplieron su misión. ¡Ahora ya no están!

Me quedaron muchas cicatrices que deformaron mi cuerpo y tuve que acostumbrarme a mi nueva apariencia, a mi nueva anatomía y aceptarme. Sobre todo sentirme bonita; sentir que esto no me quitaba mi esencia de mujer, que no me hacía ni más, ni menos. Tuve que acostumbrarme a ver mis cicatrices y a sentirme orgullosa de ellas.

Todos los días, después de bañarme, me paro frente al espejo con una postura de orgullo y alzo mi barbilla. En PNL, la postura de tu cuerpo es muy importante para acceder a estados de ánimo. Si tú bajas los hombros y caminas con la cabeza hacia abajo, el mensaje que te estás dando es de derrota o tristeza; en cambio, si te paras derecha, con la barbilla hacia arriba, tus hombros arriba y te plantas con aplomo, la señal será de valentía, de orgullo. Observa tus posturas y pon atención a qué señal estás mandando a tu cuerpo.

Yo observo mis cicatrices y me siento orgullosa, porque salí, porque me libré de esta enfermedad, porque sigo viva y porque es un recordatorio de que estoy aquí este día. Cuando veo cada cicatriz, lo interpreto como un llamado diciéndome que tengo que vivir con plenitud, intensamente y me recuerda lo afortunada que soy de haber sobrevivido. Estas cicatrices las llevo como bandera de que todo salió bien y que gané la batalla.

Es muy importante agradecerle a tu cuerpo todo lo que hace por ti: brazos, estómago, manos, a tus piernas que te sostienen, a todo el maravilloso cuerpo por todo lo que hace por ti cada día. Evita criticarte a ti misma o decirte cosas negativas de tu cuerpo. En ocasiones, nosotros mismos somos la persona que más nos critica. No nos damos cuenta de que necesitamos ser agradecidos de todo lo que nuestro valioso cuerpo hace por nosotros cada día de nuestra existencia. Te invito a que, como yo, des gracias, desde lo más pequeño a lo más grande que esté haciendo tu cuerpo por ti este día.

Aprende a hablarte de manera amorosa y hazlo un hábito, que no pase un solo día sin decirte gracias por todo lo maravilloso que cada parte de tu cuerpo hizo por ti.

Sé que mucha gente perdió la batalla, aún con sus cicatrices y con un corazón apasionado por vivir. Por eso, trabajé mucho en mi mente sobre ese tema, también en tener mi autoestima alta y sentirme bien, de que esas cicatrices no afecten mi estado de ánimo, ni mi estado emocional. Ahora, ya está superado, aunque de repente siento raro no percibir sensaciones y recordar que me vaciaron. Como no me gusta la autocompasión, pues siento que lejos de ayudarme me anula, mejor decido cómo sentirme, y elijo sentirme bien y aceptarme.

Por eso, cuando me empiezo a sentir triste, hago lo que dice el doctor Richard (co-creador de la PNL): me sacudo la mierda mental y a seguir adelante.

EJERCICIO:

1. Cierra tus ojos y estando parado, haz tres respiraciones profundas. Deberás tener contigo una hoja de papel con el Momento donde te sentiste más fuerte, empoderado o feliz (ejemplo: el nacimiento de un hijo, un éxito en el trabajo o en la escuela), algo que te hizo sentir increíble.

2. Después de las respiraciones da un paso en frente. Respira y recuerda todas las imágenes, sonidos y sensaciones de ese momento feliz. Llévalo a todo tu cuerpo, agrégale un color, respira y expándelo por cada una de tus células. Cada vez que respiras lo sentirás más profundo.

3. Ahora, regresa al lugar donde empezaste. Guarda todas esas emociones positivas y maravillosas que en algún tiempo experimentaste. Respira

profundo y sintiéndolas; da tres respiraciones profundas abriendo los ojos y entiende que estás listo para seguir con un nuevo estado y actitud positiva para el día de hoy.

Este ejercicio lo puedes repetir las veces que quieras en el día.

4

LA MEDICINA NO ES
EL VENENO

Mi mamá decía que la quimio era veneno;
para mí, era agua bendita.

No pude estar en la graduación de mi hija María José. Terminó la preparatoria y no pude acompañarla. Me encontraba muy débil, a miles de kilómetros de Cancún y sin poder viajar. Mi alma, mi corazón y mi amor estuvieron con ella desde la distancia. Era un evento que habíamos planeado mucho, sin saber que la vida nos enviaría este reto. Las circunstancias cambiaron. Ella voló a Cancún para graduarse y mi hermano más chico, mi prima y cuñado, con sus familias, la acompañaron en ese momento tan importante.

Beto se quedó a cuidarme. María José bailaría su vals entre lágrimas, ¡extrañándonos! con su hermoso vestido rojo, en un salón bellamente decorado, con luces de colores. Ahí apapachada solo por su tío Omar. Nosotros lo pudimos vivir gracias a la tecnología a través de una videollamada.

Y de pronto, sin casi darme cuenta, el tratamiento de quimioterapias había comenzado.

Todo el mundo, cuando escucha la palabra "quimioterapia", siente un terror horrible. He estado ayudando a otras personas que pasan por esos procesos, y antes de que les den las quimios, me piden que les hable, que platique con ellas. Les comparto que, en mi proceso, yo me estuve haciendo la valiente, pretendiendo mostrar que estaba tranquila y en paz; pero un día, antes de iniciar con las quimios, en realidad estaba aterrada.

Recuerdo cuando le dieron las quimios a mi mamá, las recibió por un tiempo, pero hubo un momento en el que dijo: *¡No más! Ya no voy a pasar por eso, mi malestar es mucho y prefiero morir.* Yo me preguntaba qué tanto dolor sentiría mi mamá, para que decidiera morir y no seguir. Durante mis quimios tuve una doble batalla. Por un lado estar viviéndolo ahora yo y por el otro, mi sistema de creencias, basado en lo que le había ocurrido a ella, que lo había sufrido tanto.

Yo sentía los miedos más fuertes que puedes imaginar. Mi mente desbocada imaginaba escenarios difíciles e intrincados que hacían que todo resultara más difícil.

Por el amor a mi familia, de alguna manera, estaba controlada. No quería que ellos sufrieran mucho dolor al verme mal. Tuve la fortuna de que Michelle llegó a la casa a verme antes de la quimio. Me saludó, me dio ánimos, con ella me sentí en plena confianza y lloré, mientras con un hilo de voz le decía:

—¡Michelle, tengo mucho miedo! —se lo dije al mismo tiempo que yo lloraba, sentadas en un sillón largo. Tomaba unos cojines blancos entre mis brazos, como si fueran una barrera que me protegería de cualquier cosa. Pero no era así.

—Sí, lo sé —me dijo ella con dulzura—. Está bien sentirte así, pero no tengas miedo, vas a aguantar —en ese momento me acurruqué en sus piernas para seguir llorando, mis lágrimas humedecieron la tela suave de su ropa—. ¡Estate tranquila! Te voy a explicar los síntomas y lo que puedes hacer —luego me explicó con ternura, como una madre habla a su hija pequeña, mientras acariciaba mi cabeza—. Vas a sentir náuseas. Te van a doler los huesos, pero te van a dar medicamentos para que aguantes esto. Necesitas tomar mucha agua para que pase rápido el medicamento.

Michelle era mi vocera oficial. Era a la única a quien le creía y todo lo que ella me decía, para mí era válido. Me desahogué con ella y, a través de mis lágrimas, pude sentir algo de paz en mi interior. Al día siguiente, fui con mis hijas y mi esposo a la quimio y empezamos el tratamiento.

Unos días antes me habían puesto el catéter para recibir la quimioterapia. Fue algo curioso y a la vez divertido. Mi hermana, mi hija María José y mi amiga Faby, me habían acompañado para realizar el proceso del catéter.

En el quirófano yo tenía mucho frío. Sentí cómo me fueron cruzando con el catéter y cómo iba pasando el tubito por todo el pecho, hasta que lo colocaron. No experimenté dolor porque me anestesiaron, pero sí sentía una extraña sensación de cómo va entrando en el cuerpo algo raro.

Me dijeron que tenía que cuidarlo, porque se contamina muy fácil. Recuerdo que a mi mamá se le contaminó. Yo seguía sin poder creer que estuviera repitiendo el proceso que había vivido con mi mamá. Estaba llena de experiencias y creencias vividas en la enfermedad de mi madre. Era una doble situación que resolver porque, te recuerdo que, la batalla de mi mamá contra el cáncer la habíamos perdido. Imagínate todo lo que tuve que trabajar mentalmente para que eso no me afectara ahora, en mi propia batalla.

Cuando terminaron el proceso, me dijeron que no podía salir hasta que un familiar me recibiera afuera. Seguía un poco anestesiada y atontada por todo el proceso.

—Afuera hay tres personas esperándome —les dije.

—¡Lo lamento! —me respondieron—, pero ya hemos voceado su nombre varias veces y nadie responde. Y si no hay alguien que la reciba, no puede salir.

Yo con ganas de irme, temblando de frío, sentada en una silla de ruedas, mientras esperaba en ese blanco y limpio quirófano que olía a desinfectante y medicamento. Imaginé que mi hermana se habría ido con todas a no sé dónde. Lo peor es que se habían llevado mi celular. Pensé que habían calculado mal el tiempo de mi salida. Yo ya llevaba media hora esperando, desesperada, queriendo salir de ese lugar que me congelaba hasta los huesos. Le pedí permiso a la enfermera para mirar en la sala de espera, no podía creer que se hubieran ido. Al asomarme, para mi sorpresa, vi a mi amiga Faby ahí sentada, esperando.

—¡Ella es! Es la señora que está ahí sentada, es mi amiga —dije con gran emoción, mientras señalaba a Faby.

—Señora Miriam —me dijo la enfermera—, salimos tres veces a vocear y ella nunca respondió.

—¡Faby! —le llamé— ¿Qué no escuchaste que me vocearon?

—¡No! —contestó muy segura—, yo solo escuchaba que le hablaban a una tal Marian y pues esa no eres tú—. En ese momento nos miramos y al instante soltamos la risa, pues mi nombre Miriam, en inglés suena Marian.

—No me he movido para nada, ni para ir al baño, porque te estaba esperando —agregó, todavía con una sonrisa de complicidad dibujada en el rostro.

Y cosas así, divertidas, también pasan dentro de un proceso de enfermedad. Lo importante es que ahí estaba ella, esperándome con paciencia y sobre todo, con su enorme cariño y con una amistad que conservamos desde que teníamos trece años de edad. Usualmente, nosotras siempre estamos bromeando, todo lo convertimos en risas y en simplezas.

Esa es también una buena forma para pasar las adversidades que nos ha tocado vivir con buen humor.

Se cumplió la fecha para la primera quimioterapia. Llegué al lugar. Caminé por los pasillos hasta una enorme área con sillones alrededor, con un tripié para los medicamentos a un lado de cada sillón reclinable. Recuerdo que eran muy cómodos, de color café. En ellos se sientan los pacientes. Te dan una cobija caliente para mitigar el frío del lugar. Hay demasiada actividad en esa sala, enfermeras por todos lados atendiendo a los pacientes.

Para separar un paciente de otro, había cortinas de colores vivos y con flores, con las que, hasta cierto punto, tienes un poco de privacidad y puedes meter una silla para que a tu lado te acompañe algún familiar.

Cuando yo entré, quería caminar con los ojos cerrados para no ver a nadie, pero no pude. Me asustaba lo que seguía. Me partió el alma ver a jóvenes enfermos de cáncer. Vi personas jóvenes y gente mayor. Me partía el alma ver a la gente joven enferma. De alguna manera llegué al cubículo que me habían asignado. Ya instalada, me canalizaron para empezar la quimio.

Me puse música en el celular. Cerré los ojos. Empecé a hacer respiraciones, recordando que la respiración es una potente herramienta para controlar las emociones e hice un ejercicio del Dr. Levry que es 10/10/10. Consiste en dar diez respiraciones pequeñas hasta llenar tus pulmones, lo sostienes contando hasta diez y lo vas sacando con diez exhalaciones. En el momento que lo haces, el ritmo cardíaco cambia. El cerebro baja la frecuencia. Regresas a un estado de tranquilidad y armonía.

Si controlas tu respiración, controlas tu mente, tus pensamientos y tu forma de actuar.

Controlé el miedo, no me dolió nada. Empezaron a mezclar los medicamentos. Comencé a sentir calientito por donde empezó a correr el medicamento. Me imaginé, visualicé lo que estaba entrando y lo bendije: *¡Bendigo esto que va a entrar a mi cuerpo, que me va a sanar!*

Me imaginaba el medicamento como un Pac-Man, que se comía las células de cáncer. Me quedé haciendo esa visualización, de pies a cabeza. En todo ese tiempo, sentí que el medicamento estaba bendecido.

Empecé a hacer un ejercicio de hipnosis que me ayudaba a visualizar lo que estaba ocurriendo en mi interior y a programar lo que yo quería que sucediera. Al final del capítulo, te comparto el código QR donde podrás escucharlo y usarlo.

Recuerdo que mi mamá decía que la quimio era veneno. Yo había decidido que, para mí, la quimio era agua bendita. Necesitaba hacer las cosas de manera diferente a como lo había hecho ella, pues pensaba que, para que mis resultados fueran diferentes, necesitaba hacer también las cosas de forma diferente.

En ese momento no se siente nada, pasan como tres horas y solo sientes que entra líquido, pero no tienes ningún malestar, nada. Previo a eso, el día anterior, te hidratan, te pasan un suero. Un día después vuelves a ir porque te pasan un medicamento para evitar que sientas dolor de huesos, ya que empiezan a doler muchísimo.

Salí de ahí y no me sentía mal, me sentía bien. Yo pensé que había muchos mitos en esto. Iba acompañada de mi familia y empezamos a bromear, eso hizo ameno el momento. Nos dieron una plática previa de los síntomas que pudiera tener. Nos dijeron que ante cualquier cosa, cualquier emergencia, les llamáramos, porque podría haber sangrado de varias áreas de mi cuerpo y no sé qué más cuestiones que olvidé enseguida. Lo único en lo que me concentré fue que si me sentía mal iba a llamarles por teléfono. Decidí bloquear todo lo demás que me decían.

Al salir, empecé a sentir pesadez, como cuando estás muy mareado, que te acuestas y sientes que te está tragando la cama o que te hundes en ella. Al día siguiente, se me quitó el apetito, días después lo único que se me antojaba, cuando me venía el hambre, eran las quesadillas.

Después de las quimios, tardaba tres días acostada en la cama, me llevaban la comida. Tomaba mucho líquido y agua de coco para eliminar los químicos de mi cuerpo, una vez que hicieron su función.

Alrededor del tercer día, que ya empezaba a abrir los ojos y a reaccionar, si no había nadie conmigo, pegaba un grito fuerte para que me ayudaran con algo. En ese momento mis familiares decían emocionados y burlándose:

—¡Ah, ya regresó mamá! Ya está gritando.

A todos les daba risa.

En esos días, Sara inició el proyecto de su marca de ropa. Como anteriormente lo mencioné: tú decides si aprovechas los momentos adversos o te victimizas; si sacas la mejor versión de ti mismo o no. Así lo hizo mi hija de trece años, que empezó a coser y a hacer diseños de ropa. Abrió una página de Instagram y empezó a promover ahí su marca. Todo ese tiempo de tratamiento en que suspendió la escuela para acompañarme, fue una oportunidad para ella de crear algo tan increíble. Su creatividad estaba a lo máximo, sacó lo mejor de ella para crear ropa.

Ella nunca había agarrado una máquina de coser y yo sentía que, en algún momento, le iba a agarrar los dedos. Por eso le gritaba a Sara cuando volvía en mí después de las quimios. Entre sueños escuchaba la máquina de coser y entre sueños quería protegerla para que no se fuera a hacer daño.

Y en cuanto gritaba, en ese momento, todos sabían que había reaccionado y corrían a verme.

Por ese tiempo, el doctor me dijo que lo que se me antojara comer, lo comiera.

—Lo que se te antoje es lo que debes comer. Si se te antoja pizza a las 4:00 a. m., come eso. ¡Quiero que estés fuerte, que te alimentes, que te pongas bien!

Hay muchos mitos en cuanto a esto. No se antojan muchas cosas, otras tantas te dan asco y lo que sea que te apetezca, es lo que debes comer y mucho. Se tiene que ayudar al cuerpo a estar fuerte, a tener energías para seguir con el proceso. He visto pacientes a los que les prohíben comer alimentos en el proceso, pero se tiene que comer lo que te entre en la boca. Yo solo quería comer quesadillas, así durante las cuatro quimios.

En la tercera quimio tuvimos una terapia de psicólogo. Habían pasado algunas cosas que Beto no me decía para no preocuparme. Él no estaba bien, estaba un tanto quebrado emocionalmente, demasiado encierro y todo el día juntos 24/7. Nos llamó la psicóloga para darnos una plática en familia. Entramos a un pequeño cubículo color blanco, con sillas negras alrededor; en medio estaba la psicóloga.

En esos días, yo notaba que el ambiente y la relación con mi familia se tornaba muy difícil. No estábamos bien. Ellos no estaban bien. Todo se estaba volviendo un poco caótico.

Una enfermedad afecta todo el sistema familiar y es importante poner atención a los que están acompañándote y que ellos tengan algunas acciones como las que a continuación te comparto.

Ahora nos da risa porque la psicóloga no hablaba español y ponían en una pantalla a una persona que iba traduciendo. ¡Nos peleamos en la terapia! La persona de la pantalla y la psicóloga no sabían qué hacer. Eran demasiados diálogos al mismo tiempo que volvíamos locos al traductor y a la psicóloga. ¡Imagínate esa escena! Recordarla es muy divertido.

Y volviendo a la seriedad del asunto, la psicóloga le dijo a Beto que en estos procesos es muy importante que los acompañantes estén bien.

—¿Qué quiere decir estar bien? —preguntó él.

—Si usted acostumbra correr, vaya y corra, si acostumbra caminar, camine. En fin, haga cosas para usted y luego regrese a esta batalla —le dijo a Beto y luego se dirigió a mis hijas—. Niñas, si a ustedes les gusta ir al gimnasio, vayan al gimnasio, si les gusta la clase de cocina, vayan a esa clase y regresen. Aunque traten de hacerse las fuertes, no pueden ayudar si no están bien.

El dilema de las diferencias entre Beto y yo, era también que María José ya entraba a la universidad y había tomado la decisión de no ingresar en ese semestre para quedarse conmigo. Sara, igual. Beto estaba muy enojado porque dentro de su sistema de creencias, él decía que perder un año escolar era algo grave. María José le dijo que ella, en ese momento, estaba decidiendo estar conmigo, que no pasaría nada si perdía un semestre y lo recuperaba después, que en ese momento quería estar conmigo.

Beto estaba enojado y la psicóloga le dijo que eso era válido, no pasaba nada si paraba un momento sus actividades.

La escuela la podían estudiar en línea o buscar otra opción, de tantas que ofrece el mercado de la educación hoy en día. No había que tener miedo a esas decisiones, el tiempo era relativo. ¿Qué iba a pasar si se atrasaba un semestre? La respuesta era: ¡Nada!

Durante su vida como estudiante, Beto fue un buen alumno; por ello, no aceptaba nuevas creencias como pausar por un momento la escuela. Tuvo que integrar para sí una nueva creencia.

La psicóloga al final, les dijo:

—El amor que le están dando a su mamá para salir adelante es algo maravilloso, pero ninguno de los tres, aun con todo ese amor, está en sus zapatos. Por eso, va a haber muchas cosas que no entenderán.

Esa era la principal razón por la que sentía tanta confianza y empatía cuando estaba con Michelle. Enfrentarte a una situación así, donde viene la muerte a rondarte, es algo que solamente lo entiende el que lo vive. Lo vi en mi mamá, la acompañé en todo su proceso y no fue lo mismo *estar viendo las carreras desde la grada, que ya estar en la carrera.*

—Ustedes —continuó diciendo la psicóloga—, no pueden imaginar ni comprender por qué algunas cosas que le digan a Miriam al respecto, ella no las entenderá. Ella tiene una batalla en su cuerpo y en su cabeza. Lo único que pueden hacer, es estar bien, haciendo actividades para ustedes y regresando a estar con ella. Si no están bien, no pueden ayudarla. Necesitan armonía en su mente y cuerpo. Hagan actividades que les ayuden y disfruten, para que logren estar fuertes con ella, en esto. Y algo muy importante —afirmó la psicóloga con convicción—, no traten de callar lo que les esté afectando.

Hablen, expresen lo que sientan, no se lo guarden; pues eso no está bien. La comunicación en familia es muy importante. En ocasiones, queremos callar creyendo que eso ayuda y resulta que solo se convierte en una olla exprés, que puede explotar en cualquier rato.

Es indispensable mantener una buena comunicación para que los miembros de la familia estén lo mejor posible y así ayudar a su enfermo.

Arreglado este asunto, continuamos con la última quimio, donde Beto tuvo un detalle muy bonito conmigo. Nosotros habíamos perdido nuestros anillos de boda hacía años y Beto antes de que yo me enfermara, compró unos anillos nuevos en Guadalajara, en el centro, unos baratos, pues siempre lo consideramos algo simbólico. Los dejó pagados. Pidió que le pusieran el nombre y después volvíamos por ellos. Luego pasó todo esto y nunca fuimos a recogerlos.

Antes de concluir las quimios fui a ver a mi papá a Guadalajara, que es donde vive. Se había regresado de Los Ángeles hacía tiempo y yo quería pasar unos días con él. Me acordé de los anillos y pensé en que fuéramos a recogerlos. En esa ocasión me habían acompañado mis hijas, así que fuimos por los dichosos anillos aprovechando que el día estaba soleado y el cielo de un color azul intenso, sin una sola nube, perfecto para salir a pasear.

En la tienda, yo veía sospechosas a las niñas y el vendedor me decía que los anillos no estaban listos todavía. ¡Después de tantos meses! Me puse a reclamarle, pero veía algo raro, las niñas hacían gestos. Les preguntaba de qué se reían; yo, fúrica, seguía peleando por los anillos con el vendedor.

Resulta que los anillos ya los tenía mi esposo. El día de la última quimio, me sorprendieron con unos globos para celebrar que era la última. Beto se hincó frente a mí y me dio el anillo; yo sorprendida, emocionada y feliz. Me hicieron hacer rabietas con el vendedor en Guadalajara, pero eso ya no importaba; entre porras, recibí la última quimio con una inmensa alegría; mientras me sentía como la protagonista de una película romántica, a la que le entregan su anillo de compromiso.

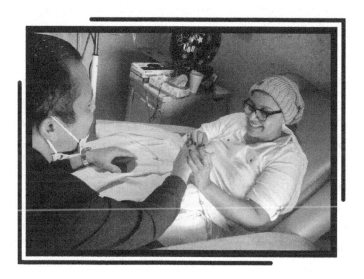

Última quimioterapia, nuevos anillos.

A medida que pasan las quimios, tu cuerpo se deteriora, por lo que algunas quimios te pegan más que otras. Es por ello que me mandaban a caminar, aunque me sentía mal. Me decían que debía moverme:

—Tienes que salir. Ve a caminar. Si vas a durar quince minutos no importa, pero necesitas generar la serotonina para estar bien —me decían.

En ocasiones sentía que no podía ir ni al baño o estaba tan cansada como si hubiera corrido cinco kilómetros. A ese grado llega tu cuerpo a mermar; pero salir a caminar, el sol, el aire, el atardecer, eso ayuda mucho. Yo caminaba como viejita, pero caminaba.

Salí de la última quimio; de hecho, esa ni la sentí. Uno de los globos que me regalaron decía: *Todo va a estar bien*. Yo estaba feliz por todo. De repente, algo me hizo voltear al módulo de al lado. Había una muchacha morena, con el pelo rizado, de grandes ojos oscuros, delgada, como de unos veinticuatro años o menos, llorando mientras abrazaba al que parecía ser su esposo, un jovencito apenas. En ese momento, a ella le darían su primera quimio. En sus ojos se notaba un profundo miedo. Agarré el globo y se lo regalé. Le dije, desde mi corazón:

—Hoy estoy terminando mi tratamiento con quimio. Quiero que sepas que todo va a estar bien, que igual que yo, ¡tú lo vas a lograr!

Le regalé mi globo. Ella se sorprendió y sonrió al recibirlo, al igual que mis palabras; aunque los dos se veían con mucho terror y tristeza. Sentí muy bonito al dar ánimo a alguien que estaba por iniciar el camino que yo había andado, era como entregar la batuta en una carrera de relevos.

La vida es extraña y llena de contrastes: en un módulo de esa gran sala, nosotros teníamos la fiesta y alegría de mi última quimio, mientras que en el de al lado había mucho miedo y dolor, al iniciar apenas el tratamiento. Unas personas están tristes y otras alegres. Por eso, cuando el día te esté dando oportunidades de estar feliz, ¡aprovéchalas!, y no permitas que nada ni nadie las saboteé.

Yo creo que no debemos condicionar la felicidad para cuando pase esto o aquello, para cuando tenga tal carro o tal casa. Cuando obtenga tal cosa voy a ser feliz. La felicidad no es llegar a algo, ni poseer algo, es el camino.

En el trayecto que tienes cada día están las oportunidades para ser feliz. En este preciso momento, puedes ser feliz sin limitarte a nada, en las más simples cosas que pasan cotidianamente, valorando todo lo que está a tu alrededor, sin condicionar que tenga que pasar algo para disfrutar la felicidad. Necesitamos desaprender creencias como: *Cuando yo llegue a ser o tener esto, voy a ser feliz.* Eso es una gran mentira que nos enseñaron, producto de la mercadotecnia, está comprobado que lo material te da solo minutos de felicidad después de poseerlo.

Ser feliz es un derecho. Ahora que lo sabes,
vive con la conciencia de que cada día vas a
tener infinitas oportunidades para ser feliz.

Comprométete a crear, tú misma, momentos de felicidad. Te hará aprovechar cada instante para disfrutar lo cotidiano.

Ahora voy a compartir contigo dos meditaciones que puedes escuchar mientas estás en las quimioterapias.

Escanea el siguiente código QR o puedes encontrarlos en la página http://elregaloquenopedi. com/:

Aquí podrás encontrar:

- Un audio con el ejercicio "Inducción para quimios" que te ayudará a sobrellevar esos momentos.

- Y, un ejercicio creado por Agustín bravo. Este audio te ayudará a regenerar tus células durante enfermedad que padezcas.

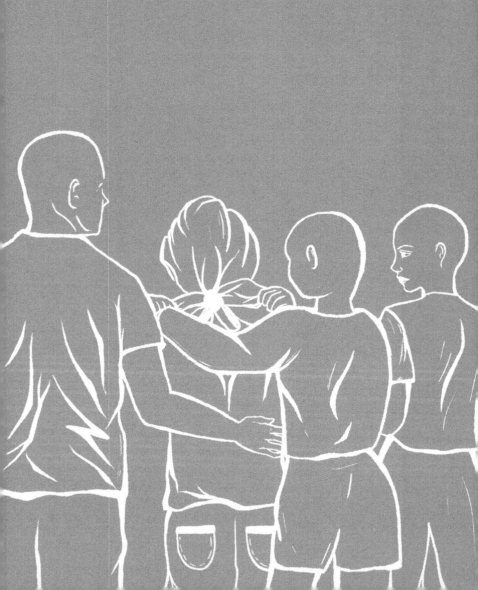

5

LO QUE LA ENFERMEDAD SE LLEVÓ... ¡MI PELO!

*Llega el momento, cuando te paras
frente al espejo, que tu pelona te
delata lo enferma que estás;
y ahora el mundo también lo sabe.*

La caída del pelo fue un momento muy doloroso para mí. Me habían dicho que se me iba a caer en la segunda quimio; sin embargo, desde la primera, cuando me bañé, empecé a soltar los mechones de cabello. Cuando lo viví con mi mamá, ella se deprimió, para ella fue más la impresión del pelo, que cuando le quitaron su pecho.

Me habían recomendado un tratamiento con nitrógeno para tratar de que se caiga lo menos posible y me lo hice. ¡No aguanté ni cinco minutos y me quité esa cosa de la cabeza! Es como cuando tomas hielo y te duele la frente, sientes esa sensación; sientes que te quema de lo frío. Además, ni siquiera garantizaban que no se cayera.

Entre una quimio y otra me daban tres semanas. En ocasiones, viajaba protegida con mi cubrebocas. Cuando ya me sentí bien, me fui a Cancún, por fin a mi casa. Volé con María José y yo todavía tenía pelo. En Cancún, me esperaban Tere y Cecy, que son dos amigas muy queridas que habían ido a visitarme. Estábamos en el departamento. Estaba feliz por la oportunidad de nadar en el mar azul de Cancún.

Mojarme en el agua salada, respirar el aroma que desprende y dejarme envolver por el eterno sonido de las olas, era algo que necesitaba en esos momentos. Era la terapia perfecta para mi estado de ánimo.

Cuando salí del mar, se me hizo una bola impresionante de cabello en la parte de la nuca, una bola, una cosa espantosa. Mis amigas, con el afán de salvar mi cabello, estuvieron varias horas desenredando, con toda la paciencia del mundo, trataron y trataron, pero no pudieron desenredar el pelo. Al no lograrlo, decidimos dejar ahí el asunto y hacer una pijamada. ¡Fue genial! Pusieron la canción *Best day of my life* de American Authors y la cantamos a todo pulmón. Aún con la situación, mejor decidimos divertirnos. Ellas habían llevado unos pijamas iguales para las tres.

Tener la bola de pelo en la cabeza hizo que el cuello me doliera al dormir; me estorbaba, era como una bola de estambre clavada. Al día siguiente, con mis amigas y María José, nos fuimos al salón de belleza para que me cortaran el pelo. La estilista me cortó el cabello, quedé con el pelo corto. Pensé que se veía bien y que me quedaría así algunas semanas.

Al día siguiente regresamos a Los Ángeles, pero antes, pasé a la Ciudad de México. Ahí estaba mi hermano, el más chico, con su familia. Nos quedamos un día para convivir con ellos. Llegamos a un hermoso y moderno hotel, decorado con esmero, con olor a lavanda. Fuimos a nuestra habitación y en una de las paredes había una enorme foto muy mexicana y moderna. ¡Me encantó! El cuarto no era muy grande. Tenía una alfombra roja muy llamativa.

Me metí a bañar y, de pronto, se me vinieron unos enormes mechones de pelo en la mano, se quedaba el hueco calvo en la cabeza. Empecé a sentirme muy mal. Me impresionó lo que me estaba ocurriendo. Aunque yo ya sabía que así sería, cuando lo estaba viviendo, me quedé impactada. Solo veía correr el agua llena de cabellos y, sin darme cuenta, también empezaron a correr las lágrimas en mi rostro, confundidas con el agua de la regadera y el pelo de mi cabeza. Ahí estaba lo anunciado, justo en ese momento se hacía realidad lo que tanto me habían dicho.

Llamé a mi hermanito y corrió a comprarme lo que él creyó necesario para ayudarme. Yo ya no quise salir, ya tenía unos huecos enormes en la cabeza. Decidí quedarme en mi habitación.

Mi hermano me compró mascadas muy bonitas. Incluso la señorita le explicó cómo se ponían. También me compró rastrillos, porque yo ya no quería ir a un salón de belleza. Cuando mi mamá se quedó calva, mi hermana Janet la llevó a un salón a rasurar y fue demasiado incómodo para mi mamá. Quien te rapa y las personas que están en el salón se impresionan mientras te observan, aunque intenten ocultar la curiosidad y la lástima, sus miradas pueden ser bastante incómodas. Cuando estás pasando por una situación así, no es algo que quieres experimentar. Te sientes expuesta, evidenciada.

A mi hermana y a mí nos dolió ver a mi mamá así, sin su cabello y deprimida. Hoy sé que no sentimos lo mismo que ella, por mucho que intentáramos imaginar lo que pasaba en su mente, no podíamos. Tal como lo había dicho la psicóloga, no estábamos en los zapatos de mi mamá. Lo que nosotras hicimos, en un acto de solidaridad, fue cortarnos la rapa, las dos, para que mi mamá se sintiera acompañada. Fue un acto de inmenso amor que mi mamá valoró mucho. ¡La emocionó hasta las lágrimas! Recuerdo cómo abrió los ojos al ver a sus dos hijas pelonas.

—¡Quédate en el cuarto!, yo voy enseguida a rasurarte la cabeza —me dijo mi hermano para que yo no tuviera que salir. Tengo un video donde me está rasurando, me veía como un pájaro recién nacido. ¡Horrible! Tardó horas rasurándome, hasta que por fin terminamos. La pasamos platicando para que yo no me sintiera triste. Yo veía como caían las gotas de sudor de mi hermano. Estaba empapado, aunque no hacía mucho calor. El sudor se debía a que estaba nervioso. Dentro de ese cuerpo grandote y fuerte, estaba un hombre preocupado, con miedo al pensar que podía perder a su hermana, así como los dos habíamos perdido a nuestra madre.

—Ahora te voy a decir cómo me dijeron que te pusieras la pañoleta que te compré —me dijo amorosamente mi hermano.

Él, haciendo su esfuerzo por ayudarme y hacerme sentir bien, me puso la pañoleta. Me pidió que bajáramos a cenar para estar con la familia. Bajé de la habitación con la pañoleta. Todos se sorprendieron al verme así, pero su niño pequeño de cuatro años no dejaba de mirarme con ojos muy abiertos. Cenamos en familia.

Yo no me sentí a gusto con la pañoleta. Recordaba a mi mamá y su enfermedad. Decidí que no usaría la pañoleta, ni mucho menos una peluca.

Al día siguiente, mi hija y yo nos fuimos al aeropuerto de la Ciudad de México. Pasamos por la terminal número dos. Al caminar por el pasillo, lleno de gente, sentí las miradas de compasión. Sentía esas miradas a cada paso que daba; poco a poco, a cada instante, me iba haciendo pequeña, muy pequeña.

Llegamos a donde iba a salir el vuelo. Me sentía muy frustrada, con un nudo en la garganta y con una sensación difícil de explicar. Fui al baño. Le hablé a Beto, le dije que me sentía terrible, que me sentía miserable.

—Estoy en el aeropuerto y me siento fatal —le dije.

En ese momento supe por qué la caída de pelo es una de las cosas más dolorosas del proceso. Es perder la parte estética de la cabeza y algo que las mujeres cuidamos tanto. Me di cuenta de que es evidenciar ante el mundo tu enfermedad. Esa calvicie es la bandera que te señala como enferma oficial de cáncer y no solo es ante los demás, sino ante ti misma. Al pararte frente al espejo y verte, es impactante. Es un golpe bajo a tu personalidad, a tu autoestima femenina. En el baño del aeropuerto, al mirarme en ese espejo desgastado, sentí como si me hubieran dejado sin aire.

—¡Tranquila! Ya después te saldrá de nuevo tu cabello. Quédate tranquila. Es temporal —me decía Beto con su inmenso amor, tratando de reconfortarme vía telefónica.

Ahí estábamos, abordando el avión. A mí nunca me ha gustado sentarme en medio de los asientos del avión y, en ese vuelo, nuestro asiento estaba en medio; a María José se le olvidó. Le pedí a la azafata que me pusiera en otro lugar, pues no me gustaba estar sentada en medio, me dijo que no y, así como estaba yo, con el ánimo hasta los suelos, sentí que esa mujer no era empática conmigo. Ella pudo ver que yo estaba mal y aun así, no quiso, demostró una falta de tacto. Me sentía horrible. Un poco molesta, le comenté que ella no sabía lo que yo sufría al viajar en medio y que, por favor, entendiera mi situación. Le pedí que preguntara si algún pasajero me cambiaba el lugar y no lo hizo.

Al final, me senté en medio, con mi hija al lado, ella siempre acompañándome amorosamente. No pude más y empecé a llorar. Agaché la cabeza sobre mis rodillas. Sentía que todo el aeropuerto giraba encima de mí. Escuchaba las voces, los ruidos, cuando voceaban los vuelos, todo era un huracán de sonidos, lleno de personas, un escándalo y una locura a mi alrededor.

Mi hija, preocupada, me empezó a dar ánimos, a decirme palabras de aliento; que eran solo tres horas de vuelo, que aguantara, que no iba a pasar nada. Yo no lloraba por eso, lo hacía porque me sentía miserable, porque, por mi nueva apariencia, sentía la energía, las miradas y la lástima de las personas a mi alrededor.

Ahí fue donde entendí por qué volteaban a ver a mi mamá cuando estaba pelona, cuando la miraban con compasión. A ella y a todas las mujeres que están pelonas, cuando lo que deberían hacer, es verlas con una actitud que diga: ¡Sí se puede! ¡Échale ganas!

En una ocasión, yo iba caminando y un vigilante parado en una de las puertas del establecimiento donde entré, me mandó una mirada de ánimo, una mirada fuerte, donde me motivaba. Levantó su mano con la señal de: *¡Sí se puede!* Ese es el tipo de miradas y de señales de actitud positiva que ayudan a una persona con este padecimiento, donde la gente te dice:

Todo va a estar bien, y no que te vea con esa mirada de tristeza, de desconcierto, de compasión.

Total que por fin pasó. Volamos a Los Ángeles. Me fui sentada en medio. Conmigo, en mi ánimo quebrantado por lo que estaba viviendo, se quedó la experiencia de la azafata que no me apoyó a cambiarme de lugar.

A nuestra llegada, Beto nos fue a buscar al aeropuerto. ¡Cuál fue mi sorpresa! Un pelón se acerca a quitarme la maleta para ayudarme. Tenía mal cortado su pelo y con pequeñas heridas en su cabeza. Después de mi llamada, él había corrido a raparse para recibirme y hacerme sentir acompañada en ese momento cruel que estaba pasando.

Lo vi y me abrazó. Él no me había visto pelona y sonrió con mucha ternura.

—¡Te ves muy bonita! Todo va a estar bien —me dijo tiernamente. Sé que esas palabras venían de su corazón y su amor. Me senté en el asiento de al lado y, a cada tanto, lo volteaba a ver. Hizo que sonriera. Me dio una inmensa ternura lo que hizo por mí.

Alguna vez, una tía me habló de las acciones que los demás hacen por amor a nosotros y que aún en las más pequeñas y cotidianas, podía reflejarse todo el amor que sentían hacia nosotros. Esa acción que había tenido Beto conmigo, había sido una de las máximas expresiones de amor, llenaba mi alma de cariño. Y así, con mejor ánimo, llegamos a donde estábamos viviendo, muy cerca de donde vive mi hermana Janet, a solo unas cuadras.

A la mañana siguiente tenía cita con el médico. Mi hermana me dijo que me alcanzaba saliendo del consultorio para ir a desayunar a un lugar que sabe que me encanta. Era un día soleado y cálido, de esos días en los que no hay una sola nube en el cielo y los colores se ven nítidos a donde quiera que mires y el firmamento adquiere un color azul que te obliga a mirarlo con insistencia.

Al restaurante llegamos primero Beto y yo. Nos dispusimos a esperar a mi hermana mientras admirábamos la vegetación bien cuidada que tenía el lugar. Al momento, mi cuñado llega a la mesa. Me entregó un sobre blanco de parte de Janet. Yo no podía ocultar mi cara de sorpresa y de intriga. Tomé en mis manos el pequeño sobre que decía *TE AMO*. Dentro del sobre estaba parte de su cabello. Ella venía atrás de mi cuñado, toda pelona, muerta de risa.

—¡No pasa nada! —dijo mi amada hermana mientras nos abrazábamos y llorábamos juntas.

Las personas del lugar estaban sorprendidas, éramos tres pelones en el restaurante. También llegó mi sobrino Claudio, de ocho años, que estaba mudando dientes. Nos tomamos una foto a la que llamé: *Tres pelones y un chimuelo.*

Dos pelonas y un chimuelo.

Y ¿sabes?, solo fueron unos días en lo que me acostumbré a verme pelona, luego me veía al espejo y me gustó mucho mi nuevo *look*. Usaba boinas y ¡hasta me sentía francesa! Creo que le encontré el lado divertido y versátil al asunto. Lo mejor fue que lo disfruté mientras mi cabello empezaba a crecer de nuevo.

El hecho de que mi hermana y Beto se raparan fue un acto increíble. Lo agradecí con todo mi corazón. Cuando eso sucede, cuando las personas que te aman hacen algo así por ti, te sientes acompañada. Sientes que ese tipo de acciones te llenan el alma de tanto amor y te animan a decir:

*¿Cómo no voy a salir adelante? ¡Claro que puedo! Si
están haciendo esto por mí con todo el amor del mundo,
estas cosas maravillosas son para que yo luche.*

Cada vez que me sentía mal o que de repente me ganaban los sentimientos negativos, pensaba en todo el amor, en todas las acciones que estaba recibiendo de mi familia, de mis amistades. ¡Tanto amor! Incluso de gente que acababa de conocer; como Michelle, como el doctor, su asistente Alina, quien hasta la fecha es mi amiga; Renata, Baltazar, en fin. A todos ellos los considero como ángeles míos. Ángeles que fueron apareciendo y que se alineaban a mi lado, como una valla, que me sostenía en la lucha contra la enfermedad.

Rafaella, mi sobrina, me ayudó muchísimo, fue una acompañante muy importante. Cuando me vio pelona me dijo con una dulce voz y una sinceridad que venía de lo más profundo de su corazón: ¡Qué bonita te ves, tía! Ella se quería cortar también el cabello. En todas mis convalecencias de quimios, se iba a acostar a mi lado, pacientemente, esperando hasta que yo volviera en mí. Yo despertaba llena de calcomanías de corazones que ella me pegaba por todos lados. Me llenaba de besos en las manos y cachetes, que apenas sentía cuando estaba tirada por los estragos de las quimios; pero todo su amor le inyectaba energía a mi corazón.

Siento que en esos momentos tan difíciles que vivimos, va apareciendo gente que nos hace sentir acompañados. Realizan actos de amor, convirtiendo muchas circunstancias en algo especial. Hacen que esos momentos difíciles, se vuelvan increíbles.

Voy a compartir contigo un ejercicio muy sencillo que puedes hacer cada día, de preferencia por la mañana. Sentada o acostada, vas a cerrar tus ojos y llevar la atención a tu corazón mientras respiras de modo profundo y pausado. Imagina cómo late y manda nutrientes y oxígeno a todo tu cuerpo a través de la sangre. ¡Da gracias por ello!

Luego imagina que, en el centro de tu corazón, comienza a brillar una pequeña luz color violeta. Es una luz potente, pero calidad. Poco a poco va cubriendo todo tu corazón haciéndolo brillar, así hasta que sea todo un brillo violeta.

Siente gratitud por tu corazón y lo que hace por ti. Luego, imagina que, en cada latido, envías un mensaje de amor y agradecimiento a cada parte de tu cuerpo. Imagina cómo la sangre brilla color violeta mientras va recorriendo todo tu cuerpo con este mensaje de amor y gratitud. Imagina que tu sangre, con este brillo, recoge todo aquello que pudiera crear malestar o falta de salud en tu cuerpo, llevando esa oscuridad hasta tus pulmones, donde, a través de cada exhalación, liberas a tu cuerpo de todo malestar. Siente como todo tu cuerpo brilla color violeta. Da gracias por este momento de amor. Da un par de respiraciones profundas y cuando estés lista, abre tus ojos.

De igual forma, puedes encontrarlo en el siguiente QR o entra a la página http:// elregaloquenopedi.com/:

6

LO DIVERTIDO DEL PROCESO

Acceder a estados de ánimo como la alegría
y la diversión son elección personal,
entonces, elige los necesarios para
enfrentar las adversidades.

En una de las quimios, creo que fue la segunda, me sentía muy mal, pero muy mal. No me podía levantar, tenía cero energía. En mi habitación yo estaba cubierta con las sábanas, hecha bolita, con mi gorro tejido de color azul. Entraron mis hijas con una bocina, con una canción a todo volumen. Me decían: *¡Párate a bailar, mamá!* Mientras ellas brincaban y bailaban, súper prendidas y retándome. Yo estaba tirada en la cama y desde ahí les decía: *¡Bailen ustedes, yo las veo!* Mis ánimos y mi energía no daban para más.

En algún momento de su baile, se dejaron ir a la cama a saltar y yo salí volando por el rebote. Consiguieron que me parara. Empezamos a bailar, me retaban con movimientos y yo les contestaba haciendo lo mismo. Empecé a elevar mi energía. Terminamos de bailar toda la canción. Ellas hicieron que me levantara de la cama y terminara bailando como loca. Mis niveles de energía, sorprendentemente, eran elevados y me sentía superbién.

Esto lo aprendimos de Agustín Bravo, un entrenador de Programación Neurolingüística, quien es mi amigo y es mi coach personal. Es un excelente ser humano, con una misión de vida de ayudar a los demás. He tomado varios entrenamientos en México con él. En una ocasión me dijo:

—¡Aprovecha todos los beneficios que te pueda dar esta enfermedad a ti y a los tuyos! ¡Ríete de ti y diviértete!

Al principio no comprendí muy bien, aunque ya estaba en una etapa de aceptación y me permitía divertirme en cada oportunidad. Las primeras en volver rentable mi enfermedad fueron mis hijas y mi hermana. Ellas empezaron a usarme para permisos, justificantes, llegadas tarde, cancelación de citas, etc. Hasta el día de hoy, mi hermana me pone de pretexto cuando no quiere asistir a alguna cita o reunión.

En una ocasión en que me encontraba en México con mis hijas, estábamos armando el departamento donde viviría María José para estudiar la universidad. Al lado estaba la tienda Costco, a donde fuimos a comprar algunas cosas que necesitábamos. Íbamos con el carrito. En ese tiempo todavía no me salía el pelo. Para poder entrar teníamos que irnos hasta el otro lado de donde estábamos, a la entrada que estaba más lejos. Había que rodear todo el estacionamiento y, como son muy estrictos para el acceso, sabíamos que no nos dejarían entrar por la salida, que era la que nos quedaba muy cerca. Entonces me dicen mis hijas: *¡Vamos a entrar por aquí, mamá!* Acto seguido, Sara me arrebata el gorro de la cabeza y dice: *¡Si no te lo quitas, no nos dejarán entrar por aquí!* Y de inmediato, nomás me vieron la pelona, nos dejaron entrar sin preguntarnos nada. Era como un pase automático a todas partes.

Si íbamos al café y había muchísima cola, nada más me quitaban el gorro y ya, toda la gente me dejaba pasar. Me daban lugares especiales, me daban el paso, etc.

Y como lo escribí antes, mi hermana, cuando no quería ir a algún lugar, cuando quería cancelar algo, solo decía:

—¡Es que estoy con mi hermana!

Y como ya sabían que su hermana había estado enferma, pues ya no le decían nada. Era la única excusa que valía.

Mis hermanos, Jorge y Janet, con tal de ayudarme, ya no sabían qué hacer para verme bien. Ellos querían que yo estuviera bien. ¡Se inventaban cada cosa! Conseguían lo que se necesitara para armar lo que sea que se les hubiera ocurrido. Cuando me veían con las pilas bajas, pues más se aplicaban a inventar algo que me sacara de esa emoción.

Un día, me invitó Janet a Santa Elena, cerca de donde estábamos viviendo. Beto les tenía miedo. Eso de *no te preocupes, cuñado, aquí estamos* más que calmarlo, lo preocupaba.

—Es un lugar increíble. Toda la gente va. Vamos a andar caminando, todo es precioso —prometió mi hermana.

Fuimos a Santa Elena, cruzamos en ferri. El lugar sí está muy bonito, lleno de gente, pintoresco, jardines por doquier, con hermosas flores, un puerto, por el cual puedes caminar disfrutando la brisa del mar sobre un largo muelle, lleno de gaviotas que vuelan alrededor.

—¿Por qué no hacemos un *tour*? —sugirió Janet.

—¡Sí! ¡Me encantaría! —respondí. No imaginé lo que me esperaba. Me subieron a un Jeep, de esos gigantes, color amarillo, no de los normales, es como construido de modo especial, con unas llantas casi del tamaño de una persona de estatura media. Entramos seis personas de cada lado y, para sujetarnos, había un tubo en la parte de en medio.

—Vamos a pasear por la ciudad —dijo animado el chofer.

Hasta ahí, todo bien, pero luego nos metió a un desierto acelerando rapidísimo. Lo divertido de esa travesía ¡era pasar por hoyos! Terminé empanizada de tanto polvo y toda adolorida por los jaloneos del auto. Beto me volteaba a ver y me agarraba, tenía miedo de que yo saliera volando, yo tenía muy poca fuerza. Por mi cuenta, yo volteaba a ver a Janet; ella, entre nervios, lloraba de la risa y me decía que no sabía, que no se imaginaba esa friega. Yo sentía que, si no me agarraba del tubo, saldría volando. Se trataba de eso, era un tour de Aventura extrema.

Mi esposo Beto estaba trabado de coraje, ni hablaba, tanto que me cuidaba, y yo toda empanizada de polvo. Me temblaba todo porque con la quimio sientes que tiemblas como gelatina. Además, por dentro las células, o no sé qué sea, te hacen tener una sensación en la que por fuera puedes estar tranquila, pero por dentro experimentas una sensación de tembladera horrible; así me sentía yo. Tenía que cuidarme de los virus, nada de polvo, ni de contagios para no romper con los tiempos del protocolo de la siguiente quimio a causa de alguna infección, ya que el sistema inmunológico se debilita. Yo me fui a tragar tres kilogramos de polvo allí. Pensaba que me iba a enfermar y Beto regañándonos a todos, diciendo que no medíamos las consecuencias de lo que hacíamos. Ahora lo recordamos como algo muy divertido.

Y para empeorar las cosas, nos tuvimos que quedar a dormir allá. No había ferri para el regreso, hasta el día siguiente. Nos tocó dormir en un hotel de mala pinta, todos en un minicuartito, con lo básico. Ni dormir pude. Me bañé y me puse unos trapos que consiguió Beto en una tienda para no estar sucia y no enfermarme. Pasé toda la noche pidiéndole a Dios que no me fuera a enfermar o a agarrar una infección ni nada por el estilo.

Hoy, solo nos reímos y mi hermana dice, bromeando, que me estaba haciendo resistente, pero ella también estaba igual de asustada que yo.

—Tengo que ir a México. ¿Se pueden quedar con su hermana, por favor? —les dijo Beto a mis hermanos, en otra ocasión.

—Tú despreocúpate, cuñado —respondió mi hermano.

Janet se había comprado una camioneta nueva y mi hermano Jorge me dice:

—¡Vámonos a Las Vegas!, para que te distraigas, son solo dos horas de camino. Nos vamos en la camioneta, allá te quedas en la habitación y solo bajas un rato a jugar, luego te regresas a descansar.

Mi hermano, a toda costa, buscaba que yo estuviera bien e inventaba salidas para distraerme. No le dijimos nada a Beto. Nos fuimos a Las Vegas con mis sobrinos. No fueron dos horas, sino siete horas en la camioneta. Fue una odisea llegar, había mucho tráfico.

La camioneta de mi hermana tiene el techo de cristal, así que el sol estaba quemándome. Me ponían de todo, papel, ropa, trapos... ya no aguantaba el sol tan fuerte del desierto. Al llegar, me dice mi hermano:

—¡Vamos a ir al concierto de Rod Stewart! Ya compré los boletos.

—Pero va mucha gente a eso —le dije preocupada—. ¡Yo no puedo estar ahí!

—Aquí está tu cubrebocas —respondió amable—. Vamos un ratito, luego nos salimos.

Y allá fuimos. Luego asistimos a un show de otra cosa. Yo intentaba decirle que no, pero me decía: *¡Vamos, vamos!* Él quería que me olvidara de lo que estaba viviendo y mantenerme ocupada, distraída, porque, sobre todo, ya no sabía qué hacer para que me divirtiera y me olvidara de la enfermedad.

De pronto, empecé a toser con el humo del espectáculo que estábamos presenciando. Me salí al baño con María José; pero no dejaba de toser. Me espanté, pensé que me había enfermado. Faltaban tres días para la siguiente quimio.

—¡Vámonos en un taxi al hotel! ¡Ya no aguanto! —le dije a María José. Ella estaba muy asustada, yo no paraba de toser.

—¡Ya no le digas nada a tu tío! No nos va a dejar ir.

Agarramos el taxi para irnos y en eso sale mi hermano y se acerca.

—¿Qué pasó?

—¡Me siento muy mal! —le respondí. Se asustó también. Subió al taxi para acompañarnos.

Yo no podía tomar nada de medicamentos antigripales, ¡nada! Todos estaban asustados. Jorge y Janet entraban a mi cuarto cada cinco minutos. Me traían inhalador Vick Vaporub. Me soplaban y echaban aire. Ya no sabían qué hacer. Yo metida en las sábanas con un malestar general.

Mientras eso sucedía, comenzó a llamar Beto. Yo no le podía contestar por la tos. María José me dijo que su papá estaba preocupado porque yo no le contestaba y quería saber dónde estaba. Le pedí que no le dijera que estábamos en Las Vegas, porque se preocuparía. María José me dijo que había que contarle, que necesitaba ir al hospital.

Mi hermano estaba más espantado, se pasó casi toda la noche revisando que yo respirara bien, con remordimiento de conciencia. Yo, debajo de las sábanas, rezando como borracho en una cruda: *¡Te juro, Diosito, que en mi vida vuelvo a hacer esto!*, *pero quítame esta tos.*

Fue una imprudencia todo el viaje. Cuando llegó a oídos de Beto, estaba muy molesto, no daba crédito de todas las locuras que hacía con mis hermanos. Afortunadamente, mis súplicas fueron escuchadas y se me quitó el malestar después de descansar toda la noche. Hoy es motivo de risa esa aventura.

Cada vez que Beto tenía que ir a México, Janet hacía de las suyas. El día de Halloween, yo andaba sin ganas de nada, con la energía abajo, con un cansancio crónico debido a todo el proceso.

—Vámonos al desfile. Se pone padrísimo. Vamos —me invitó mi hermana.

—Que vengan las niñas, ellas están emocionadas por ir —le dije, pues ellas querían ir a conocer y necesitaban distraerse. Yo quería quedarme en casa, después de todo, yo ni disfraz tenía, pero ella sacó un disfraz de arlequín que era de su esposo y me lo dio para que lo usara.

—Oye Janet, ¡me da miedo! —expresé con un poco de preocupación mientras ella me daba un cubrebocas que, por cierto, no supe dónde terminó al final de ese día.

—¡Mamá, vamos! para que te distraigas. Vamos un ratito —pidieron mis hijas, que ya estaban arregladas para salir.

Nos fuimos. Empezamos a caminar. El desfile de *Halloween* es un festival gigantesco. La gente se disfraza, todos van caminando y muchos van tomando cerveza, bailando; es como un carnaval. Mi idea era ir solo un rato porque me sentía cansada, pero mis hijas estaban fascinadas. Sara, bailando toda emocionada. Como que les hacía falta la fiesta después de tanto encierro, estaban desatadas las dos.

Yo no podía tomar cerveza por las quimios, aunque el doctor me dijo que de vez en cuando podría tomarme una. Tenía mucha sed y no vendían nada más que cervezas, así que me tomé una, mi hermana igual y todas a las risas. Nos divertimos como locas, como si yo no estuviera enferma. Al final, cuando íbamos a subirnos al taxi para regresar a la casa, me di cuenta de que el gorro de Arlequín no estaba por ningún lado, el cubre bocas ya lo había perdido y parecería una loca. Cuando me quitaba el gorro y me quedaba pelona, la gente se sacaba de onda, eso nos daba risa y lo agarrábamos de broma para sorprender a la gente.

Al final, sí estuvimos en todo el desfile de *Halloween*. Caminamos por toda la calle con la banda, haciendo relajo, nos divertimos muchísimo; fue bastante divertido y yo, como no había tomado alcohol, con una cerveza ya andaba *Happy*. Le dije a mi hermana: *¡Nadie me va a creer que estoy enferma!*

Pude no haber salido jamás, a ningún lado, pero tampoco se trata de hacerse la víctima. Sí, hubo situaciones que no fueron muy cuidadas, sin embargo, al poco tiempo se convirtieron en aventuras cómicas.

Cuando pasas por algo así, necesitas salir, divertirte y no autocompadecerte para llamar la atención. He conocido casos de personas que se dejan caer por la victimización de su enfermedad que, como dice el Dr. Richard, es como quedarte en la mierda.

Yo creo que quedarte en la autocompasión, es destruirte. No puedes elegir esos sentimientos de tristeza, de amargura, de echar la culpa, de coraje, de soberbia, porque son sentimientos que no te van a ayudar a superar tu enfermedad; al contrario, te van a hundir. Son sentimientos destructivos que no aportan nada para la cura de la enfermedad.

Cuando te enteras del diagnóstico, llegan esos sentimientos de tristeza y de enojo. Son parte del proceso. Es como un duelo, lo tienes que vivir, pero una vez que estás en ese proceso, date un tiempo limitado para vivirlos. Va a ser un día o unas horas, ¡*ok*! ¡adelante!, ¡llora!, ¡enójate!; pero ponle tiempo límite a eso. Después de ahí sacúdete, transmútalo en la valentía y el coraje que necesitas para seguir adelante. Elige estados de ánimo con vibras positivas, como la alegría y pasión por la vida.

Lo anterior sirve para ayudar a tu sistema inmunológico a estar fuerte. El tratamiento es 50 % protocolo médico y 50 % actitud. Te pueden estar dando los tratamientos adecuados, pero si tu estado de ánimo está con autocompasión, tristeza, enojo, etc., tu sistema inmunológico baja y todo eso que te están suministrando para curarte, muchas veces no funciona.

Con esas emociones, no permites que los medicamentos hagan su trabajo y no ayudas a tu cuerpo. Emociones positivas son lo que necesitas generar.

Mucho de lo que viví, bailar con mis hijas, divertirme con las locuras de mis hermanos; lo único que generaron en mí fue alegría. Crear esa felicidad ayudó a generar sustancias que necesitaba para sentirme bien en medio de las crisis. Ayudó también a fortalecer mi sistema inmune para darle batalla a esa enfermedad.

¿Te das cuenta de lo importante que es hacer todo lo necesario para divertirte mucho, en medio de una situación difícil? Pues haz lo que a ti te corresponde para salir adelante, para que el tratamiento funcione, para triunfar en la adversidad.

Ahora voy a compartir contigo un ejercicio de amor y gratitud para reconectarte con el propósito de tu alma. Es importante que comprendas que todavía hay mucho que puedes hacer por las personas que amas; aun cuando no lo puedes ver ahora. Todo comienza en tu mente, por eso continúa preparando tu mente para que sanar.

Primero te voy a pedir que anotes el nombre de las personas que más amas.

_____

_____

_____

_____

_____

_____

_____

_____

_____

Ahora te voy a pedir que recuerdes el momento más feliz que has tenido con cada una de ellas, y lo vas a anotar al lado de su nombre. Solo una palabra que te recuerde la experiencia. Por ejemplo, si fuiste de vacaciones a la montaña con tu pareja, pones la palabra montaña al lado de su nombre.

Para la siguiente parte del ejercicio, te recomiendo poner una melodía de fondo. Es importante que sea únicamente música. Lo ideal es que sea una melodía que te guste y que sea tranquila. El objetivo del ejercicio es recordad y agradecer. Te puedo recomendar el tema principal de la película Forrest Gump o Love Song de Suzanne Ciani. También es importante que todo el tiempo mantengas tu mente en la experiencia que recuerdas; por ahora olvídate del futuro, estate presente recordando el pasado.

Lee primero las instrucciones y después continúas con el ejercicio. Busca un lugar privado donde te sientas cómoda. Pon a sonar la música a un volumen que te agrade. Luego, vas a mirar el primer nombre de tu lista y la experiencia. Vas a recordar ese momento mientras cierras los ojos. Pon toda tu atención en lo hermoso de la experiencia, solo en eso.

Primero te vas a concentrar en todos los detalles que puedes ver. Después en todos los sonidos, las voces, las risas, todo. Luego pondrás atención a la felicidad que sientes en ese momento, identifica en qué parte de tu cuerpo se siente la felicidad. Disfruta el momento y da gracias por esa experiencia y por esa persona que amas. Concentra tu atención el sentimiento de felicidad y de gratitud mientras repites en tu mente Con amor perdono y libero todo el pasado. Luego, repite el ejercicio con cada persona de la lista.

Este ejercicio es para conectarte con el amor y la gratitud. Es por ello por lo que te recomiendo que lo hagas unas dos veces al día. Es rápido, pero muy bonito. Quizá las primeras veces necesites abrir los ojos para ver quién sigue en la lista o volver a leer la frase que vas a repetir. Tómalo con calma, cada vez será más fácil y las imágenes en tu mente serán más nítidas. La felicidad y gratitud también serán más fuertes. Ahora ve a hacer y ¡disfruta!

7

MENTE Y EMOCIONES

El conocimiento, sin acción,
no sirve de nada.

No es la primera vez que me toca vivir una prueba fuerte. Viví el fallecimiento de mi sobrina Azul de 3 años de edad. Tres semanas después, mi madre pierde la batalla contra el cáncer y fallece. Después de la pérdida de mi sobrina , mi mamá decidió dejarse ir y dejar de luchar contra el cáncer, luego de tantos años de batalla.

Es inimaginable, jamás hubiera pensado que viviríamos algo así, es más, si alguien me hubiera dicho que eso iba a suceder, hubiera contestado que yo no podría con tal situación. En ese entonces, eché mano de las herramientas de la Programación Neurolingüística (PNL) —te las he estado compartiendo a medida que avanzas en la lectura—, que me ayudaron a manejar el gran dolor de haber perdido, en menos de un mes, a dos de las personas que más amaba en mi vida. Imagino que sin esas herramientas, yo me hubiera vuelto loca. Las utilicé mucho durante todo el proceso. Son ejercicios de programación muy sencillos, que ayudan mucho y crean habilidades mentales para acceder a estados emocionales favorables, para cualquier proceso difícil que la persona esté viviendo.

Yo pospuse mi dolor para poder ayudar a mi hermana. Aprendí la resiliencia y que el amor todo lo puede. Y hablo del inmenso amor que siento por mi hermana y mis hijas, quienes estaban pequeñas y necesitaban una mamá fuerte en esos momentos de dolor.

Esas dos situaciones fueron las más grandes tragedias que me había tocado vivir hasta ese momento. El amor mueve a las personas. Yo había perdido a mi mamá, a la que amaba con todo mi ser. Tuve que tomar el control de todas las emociones para poder ayudar a mi hermana; que aparte de perder a su mamá, había perdido a su única hija.

Traje a Janet a mi casa en Villahermosa. Me dediqué a cuidarla. Yo me sentía desgarrada por dentro, tenía cientos de lágrimas almacenadas, tenía ganas de llorar y tirarme en la cama, pues tenía el duelo de mi mamá y de mi sobrina.

Por ese entonces, sentía cierto enojo hacia mi mamá porque cuando se despidió de mí, me dijo que me encargaba a mi hermana. Yo pensaba: *¿Cómo puede encargarme a su hija, ahora que más la necesitamos?*

Mi mamá fue una mujer admirable y siempre fue fuerte. Amaba incondicionalmente a su familia. Nos enseñó a ser valientes y a ver la vida con alegría, a ver por los demás, pero ante la muerte de una nieta y la lucha de varios años contra esa terrible enfermedad, mi pobre madre, no pudo seguir adelante. Cuando medito en todas las cosas fuertes que han pasado en mi vida, pienso mucho en el amor. El amor es una fuerza impresionante.

El amor crea en nosotros el temple necesario para ayudar a los que amamos, aunque tú también te estés muriendo de dolor.

Con la muerte de mi sobrina y de mi mamá, tuve que poner una pausa al dolor y el duelo para poder ayudar a mi hermana. Lo hice durante un año y cuando mi hermana tomó la decisión de irse a vivir a Los Ángeles, ahí empecé mi propio duelo; lo viví, pero en los tiempos en que yo decidí.

Tuve la capacidad de pausar algo tan doloroso y me enfoqué en mi hermana. Traté de sacarla adelante por el amor que le tengo. La pérdida de un hijo es una de las peores cosas que le pueden pasar a un ser humano. Pensaba que, si yo me ponía a llorar y me tiraba en la cama, mi hermana se podría suicidar. Temía que fuera a hacer algo así. Desde la puerta de cristal de la oficina de mi casa, me pasaba vigilando la habitación donde ella estaba, procurando estar pendiente de qué necesitaba.

Si me preguntas de qué echo mano para poder salir de momentos dolorosos y tristes, te he comentado que me gusta mucho hacer meditaciones. Cuando siento que ya no puedo, las uso y me fortalezco para salir de momentos donde siento que me hundo.

De la misma manera, me gustaría compartir contigo el siguiente ejercicio que realizo:

1. Le pongo imagen a ese dolor, lo primero que se me venga a la cabeza.
2. Luego lo pongo en blanco y negro en mi mente.
3. Después lo voy haciendo pequeño.
4. Luego lo aleja hasta cada vez más, hasta que dejo de verlo y desaparece.

5. Acto seguido, hago una respiración profunda y traigo un recuerdo donde haya estado muy feliz, como cuando fui mamá o cuando logré algo que consideraba importante; también funciona recordar mi lugar preferido que es el mar.

6. Cualquiera que sea la imagen feliz, la hago lo más grande posible, como si fuera el cielo, le pongo brillo, color; hago sonar la música que me entusiasma, todo como si fuera una película y, al momento, me empiezo a sentir increíblemente bien.

7. Luego, pongo mi atención en lo que siento, en las emociones que experimento al ver esa película. Me enfoco en cómo se siente esa emoción en mi cuerpo.

8. Enseguida hago la sensación más y más grande. Respiro profundo y me meto a esa sensación con todas mis ganas, vuelvo a respirar, abro mis ojos y mi estado emocional es otro.

De igual forma, puedes encontrarlo en el siguiente QR o entra a la página http://elregaloquenopedi.com/:

Te comparto este ejercicio para que tengas herramientas que te sirvan para elegir emociones positivas y buenas para ti y salir de momentos difíciles. Cuanto más lo practiques será más fácil acceder a estados emocionales óptimos para ti. Recuerda que es muy importante tener nuestro sistema inmunológico arriba. Estar en emociones de tristeza, enojo o depresión, hacen que tu sistema esté abajo. Lo que necesitamos es fortalecer nuestra salud y evitar complicarla.

Otra cosa que uso para elevar mi energía es la música. Con ella levanto mi estado de ánimo. Eso sí, evita las canciones que te lleven a la tristeza. Elige la que te alegre, la que te haga bailar o te haga sentir feliz. La música es muy importante porque condiciona tu mente de manera espectacular y te lleva a sentimientos de empoderamiento. Este tipo de música te ancla en emociones positivas que elevan tu energía y estado de ánimo, ambos son buenos para tu salud.

Escuchaba canciones que me ponían alegre y me motivaban, porque con ellas yo sentía un condicionamiento positivo muy fuerte. Estas son algunas de ellas:

- *Best of my life* de American Authors
- *Color esperanza* de Diego Torres
- *Vivir mi vida* de Marc Anthony

Entre otras tantas que escuchaba y, al hacerlo, accedía a momentos de empoderamiento porque yo decidía que no me iba a dejar vencer.

Este tipo de música se convierte en condicionamientos fuertes que te ayudan a entrar a estados de ánimo positivos. Selecciona tus canciones y escúchalas cada vez que sientas que necesitas subir el ánimo. Sube el volumen. Baila si así lo quieres. Brinca y sube tus niveles de energía positiva.

Otra cosa que hacía y que Renata, la asistente del doctor Levry, me enseñó, fue aprender a agradecer. Todos los días hacía ejercicios de agradecimiento, desde lo más pequeño, hasta lo más grande que me iba sucediendo.

Le agradecía a mi cuerpo, a mis piernas y a mi estómago por sostenerme, e igual le pedía perdón por no haberlo cuidado. Los llamo "ejercicios de gratitud".

La gratitud es importante, hace que valores las cosas. Aun cuando tengas una situación difícil, una batalla fuerte, te das cuenta de que también estás llena de bendiciones. De tal forma que puedas verlas y agradecerlas. Puede ser algo tan sencillo como:

—¡Ah mira!, no estoy agradeciendo la sonrisa de mis hijas.

Con la gratitud no te pierdes en el dolor y lo miserable que puede ser una enfermedad. Empiezas a llenarte y a ser consciente de que incluso en esa situación de enfermedad o de tristeza, hay muchas cosas maravillosas en tu vida.

Algo que hice también, fue no mencionar la palabra cáncer para no empoderarla. En mi mente siempre la llamé como la enfermedad.

Creo en un Dios bondadoso y lo viví en mi proceso de enfermedad. Todos los días, como familia, puntualmente a las 7:00 p. m., mi hija Sara nos organizaba y hacíamos oración.

Rezábamos a una hermosa imagen de la virgen milagrosa que mi querida amiga Rosy me envió. Esa hora de oración nos servía mucho. Nos daba paz y teníamos fe en que todo iba a estar bien. Sentir ese remanso de espiritualidad en el alma, hace que tu estado de ánimo sea positivo.

Cuando me enfermé, entendí que tenía que soltar el control de las cosas, de pretender coordinar todo, pensando que debía estar a cargo siempre. Fue como soltar el timón del barco y tener la confianza de que los demás pueden conducirlo, que quizá hasta lo puedan hacer mejor que yo misma. Tenía confianza en los demás. He visto a personas que se han enfermado y, con todo y enfermedad, siguen resolviendo las situaciones de su casa, del trabajo, de la familia, etc. Se trata de darte espacio para entender que estás enferma, que tu cuerpo y mente necesitan de toda tu atención para recuperarse.

Todo fluye como tiene que fluir, la vida sigue y necesitamos entender que las cosas van a suceder como tengan que pasar, que hay un plan supremo y que nosotros debemos dejar que pase de acuerdo a él.

Y retomando la idea del principio de este capítulo, de que el amor todo lo puede; una persona muy importante en todo el proceso fue mi sobrina Rafaella, de cinco años. Ella pasaba días en la cama después de la quimio y se iba a recostar a mi lado, a esperar a que yo volviera en mí. Te comenté que cuando me levantaba, ya estaba llena de estampitas de corazones que ella me ponía. Ella me hacía dibujos. Entre mi malestar sentía besitos en la cabeza, en el cachete; era ella, estaba ahí, velando hasta que yo volviera en mí.

Todo ese tipo de manifestaciones de amor son las que a mí me llenaron. Imagínate, ¿cómo no querría vivir, si sentía a todas las personas que me estaban amando y que esperaban a que yo saliera adelante? Con estas acciones hicieron que me abriera al amor.

Algo que también me sirvió fue divertirme. No porque estés enferma significa que no te diviertas, que no elijas pasar un momento agradable; son días que estás ahí y hay que aprovecharlos. Habrá veces en que los químicos no lo van a permitir, pero hay otras ocasiones en que vas a estar bien y podrás seguir divirtiéndote, bromeando, rodeándote de gente que te hace reír. De lo que se trata es de generar emociones que te ayuden a estar bien y mantener tu sistema inmune alto.

No porque estés enferma te deben tratar como que no se puede reír; al contrario, dentro del proceso de recuperación debes reír, divertirte, pasarla bien, poner música para bailar o lo que te guste hacer. Mi hermana es una persona que tiene un humor muy peculiar y se pasa haciendo bromas, para mí era divertido. Mis hijas me hacían bromas también. Todo eso ayudará a que mejores.

Hubo un día en que hasta jugué básquet porque me gusta mucho; con un nivel de energía muy bajo, pero lo hice. Se trata de hacer lo que te hace feliz, no dejarlo de lado solo porque ya no es igual. Son actividades recreativas para ti que te distraen y mantienen entretenido, por eso hay que hacer un esfuerzo para realizarlas.

Durante el proceso de quimios y todo lo demás, yo no me privé de nada. Sabía que había un riesgo y que tenía que cuidarme, y lo hacía. Imagínate, hasta me aventé a ir a un concierto de Coldplay. Eso sí, siempre muy cuidada. Hice muchas cosas para disfrutar la vida; no quería dejar de vivir, de tener una vida normal. Como el episodio que te platiqué de mis hijas, que me pararon de la cama y terminamos bailando como locas.

Los amigos son parte importante de la curación, ver a mis amigas me llenó de energía para continuar con el tratamiento. Te mencioné que fui a Guadalajara a ver a mi papá, cuando intenté recuperar los anillos. Ahí, me fueron a visitar Gaby, Mary, Rosalinda y Edna, mis cuatro amigas inseparables de la universidad. Puedo imaginar el impacto que fue para ellas verme pelona. Fue un momento muy emotivo, donde abrí mi corazón a todo su amor. Como te he dicho, yo estaba como esponja para recibir con agradecimiento el cariño que me daban, todo eso lo estaba transformando en energía para seguir adelante.

De igual manera, en ese mismo viaje a Guadalajara, mis amigas de la infancia Flora y Laura, fueron a verme. Con ellas, se trataba de estar riendo todo el tiempo, así que igual generaba emociones de diversión que me estaban llenando de energía positiva. Es impresionante ver que cuando te permites recibir amor, generas cosas espectaculares en tu cuerpo y mente, y como yo necesitaba reponerme para seguir adelante, abrí mis brazos para recibir todo lo que estaba pasando.

Tengo un grupo de amigas que se reúnen cada año, vienen de muchos lugares, incluso del extranjero, y lo llamamos: La Cumbre. Con ellas crecí y con ellas llené parte de mi infancia de hermosos recuerdos. Pues daba la coincidencia de que en esos días se reunirían en Morelia, ciudad que está cerca de

Guadalajara. Ellas sabían que ese año yo no asistiría porque estaba recibiendo mi tratamiento; sin embargo, Flora y Laura me dijeron:

—¡Vámonos! Te llevamos en el carro y te cuidamos. Nosotras vemos que no salgas a la calle para que no te vayas a sentir mal.

Y cuidando todos los detalles, nos fuimos; me acompañaron mis hijas María José y Sara. Todo el camino reímos e hicimos bromas, no paramos de reír hasta que nos dolió el estómago. ¡Fue maravilloso! ¿Te imaginas todo lo que esa alegría estaba produciendo en mi cuerpo? La dopamina, serotonina, oxitocina y endorfina; todos los químicos naturales que produce la alegría, entraron como bomba a mi cuerpo, a llenarme de vida.

Mi asistencia a esa reunión fue sorpresa para todas las demás, me escondí mientras llegaban. Cuando salí de detrás de un muro del restaurante donde estábamos, fue la euforia total y el llanto de todas abrazándome con sinceridad. No podían creer que estuviera yo ahí y, felices, me abrazaron. ¡Estuvo increíble!

Al siguiente día nos fuimos a la Iglesia y todas, hincadas, le pedimos a Dios que me devolviera la salud. Fue algo mágico, ellas son mis amigas de cuando tenía diez años. Tantas historias juntas, anécdotas, alegrías y tristezas. Ahora estábamos pasando por mi enfermedad.

Ya en la noche, cantamos en el Karaoke. Todas llevando mi ritmo porque, por lo general, sus fiestas son hasta altas horas de la noche por todo el relajo que hacemos. En esa ocasión fue a mi ritmo. Nos acostamos temprano. Me cuidaron mucho.

Y como te he venido diciendo, el amor hace milagros: ¿cómo, sin planearlo, coincidió todo para que yo viviera ese momento tan especial, con personas con las que he recorrido mi vida?

Yo no me privaba de las oportunidades que se daban para divertirme, para pasarla bien, para quitarme malas creencias, como la idea de que, si te enfermas, hay que caer en autocompasión. Yo creo que nosotros, en la cultura latina, tendemos a victimizarnos, no sé si es porque nos tocó ver las novelas donde el sufrimiento es el que vende.

Se trata de aprender y desaprender para no privarte de nada; siempre y cuando te cuides. Jamás hubiera entrado a un antro con mucho humo de cigarros o donde hubiera demasiada gente sin protegerme. Siempre cuidé mi salud y sabía que necesitaba tomar medidas y precauciones; pero nunca me privé de la diversión.

Cuando había noticias que me causaban terror o miedo, usaba todas estas herramientas que te he platicado a lo largo de este capítulo para entrar a estados emocionales positivos.

Dejé de hacer interpretaciones de los resultados que me entregaban, pues solo me ponían nerviosa y volvía loco al pobre Beto. Él me decía:

—Tú no sabes hacer la lectura correcta de esos estudios, espérate a que el doctor te diga.

Él llamaba al doctor para que me dijera que la situación no era como yo la interpretaba.

Asusta el hecho de recibir noticias o estudios y no saber interpretarlos para reconocer si ya se fue o no la enfermedad, porque es muy traicionera.

Cuando entraba en pánico, primero empezaba con el control de la respiración. Hacía respiraciones hasta que lograba tranquilizarme y luego procuraba acceder a estados de ánimo positivos o ponía música que me ayudara a mejorar mis emociones.

Siempre recuerda la importancia de la respiración, pues te trae al presente. Cuando entramos en la emoción del miedo, nos vamos al futuro e imaginamos cosas que no van a suceder. Así que, de inmediato, respira y regresa al presente y controla esas emociones de forma consciente.

De pronto, puede suceder que llegue la emoción del coraje durante la enfermedad, canalízalo; pero no hacia la enfermedad. Transfórmalo en una energía para levantarte y saber que vas a salir adelante, que lo puedes lograr.

Otra cosa que yo hacía y me funcionaba mucho, era que, mientras me hacían los estudios, empezaba a recordar momentos muy bonitos que he vivido. Era como ponerle *play* a la película de algo que hubiera vivido y que me había gustado, para desconectarme de ese momento. Piensa en algo que te gustó mucho, algo que pasó, que fue muy bonito para ti o algún momento hermoso con alguna persona. Imagínate en el lugar que más te gusta estar, como el mar, el bosque, aquel sitio que sea mágico para ti. Trasládate con tu imaginación ahí. Respira profundo e instálate ahí. Eso te ayuda a vivir esa situación con tranquilidad.

Siempre recuerda tu respiración, que es la que controla tu mente, que te trae al presente cuando andas en el futuro imaginando cosas malas que, en su mayoría, no van a pasar, o en el pasado, en momentos tristes. Inmediatamente reacciona y respira para controlar tus emociones con la respiración. Si no dominas tus emociones, tampoco podrás dominar tus pensamientos ni tus actos, de ahí la importancia de hacerlo. Con esto no quiero decir que no vivas los momentos de frustración, tristeza, miedo o enojo. Si no los vives, no los sacas. Lo importante es que una vez que los experimentaste, es momento de controlarlos.

Recuerda que de todos los momentos de adversidad en la vida, tienes en tus manos la decisión de tomarlos para mal o para bien. Tomando la experiencia y el mensaje que te dejaron para vivir mejor, pero esto es una decisión personal. Pregúntate qué decides y opta por sacar provecho de todo lo que te trajo de aprendizaje, para que realmente valga la pena haber atravesado por eso. Ahora bien, en este capítulo te mostré varios ejercicios prácticos y altamente eficientes para salir adelante, pero lo más importante es tener el conocimiento con LA ACCIÓN para controlar tu mente y tus emociones.

8
PALABRAS QUE MATAN

*Al usar las palabras somos magos, y
como si fuera una varita, podemos
hacer magia o destruir.*

En este capítulo vamos hablar de algo esencial que es la comunicación. Tanto de cómo nos comunicamos con nosotras mismas, es decir, tus diálogos internos; y la comunicación que debe tener la familia, amigos o personas que se dirijan a la persona enferma.

Primero con nosotras mismas. Los diálogos internos debemos cuidarlos mucho porque como ya estás acostumbrada a hablarte de la misma manera, no te das cuenta de que, en ocasiones, te dices palabras de modo negativo o que no te ayudan para salir adelante o mucho menos acceder a estados de ánimo positivos.

Necesitas poner atención a las conversaciones que tienes contigo misma en tu mente para que siempre te empoderen. Frases como *yo voy a salir adelante, yo le voy a romper la madre a esta enfermedad, yo soy una persona valiente*; ese es el tipo de frases que necesitas en tiempos de enfermedad.

Cuida tu tono de voz, hazlo como te gustaría que los demás te hablaran, te ayudará mucho.

También es importante la comunicación efectiva de los que nos rodean. Las palabras son magia pura y se cristalizan al salir de tu boca. Muchas veces, lo que puede hacerte sentir miserable, son las palabras de otras personas; algunas visitas, tu familia o gente que te topas en la calle. Aunque no lo hacen con una intención mala, sino con imprudencia y falta de conocimiento, te hacen sentir mal por cosas que te dicen. Resulta que todo mundo sabe de un conocido que también tuvo o tiene cáncer y te lo vienen a decir en ese momento. ¿Para qué lo mencionan? Y menos, si perdió la batalla.

Tanto la persona con la enfermedad, como su familia y amigos, deben cuidar las palabras que dicen, cuidar que las palabras sean positivas, que sean palabras de aliento, que sean palabras que empoderen a la persona, que sean palabras que la hagan sentir amada, que solo sean palabras que expresen el amor que tienen por ella. No es necesario hablar o platicar tragedias.

Si vas a visitar a una persona que esté padeciendo este mal, lo primero es hacer empatía con ella y que de tu boca salgan palabras conectadas con el corazón y la prudencia.

Yo descubrí que las personas hablan con mucha imprudencia y, para no dejarme contaminar por sus palabras, hacía un ejercicio donde me imaginaba que le bajaba el volumen a su voz. Lo hacía cada vez que empezaban a platicarme estupideces que no me hacían sentir bien, como el joven que iba a mi lado en el asiento del avión, que me dijo:

—¡Ah, mi tía también murió de lo mismo que usted tiene!

Me imaginaba que le iba bajando el volumen a la voz del hablante y me desconectaba. Veía que movían la boca, pero yo estaba totalmente desconectada de la persona que estaba hablando tonterías. Eso es algo que todavía hago muy seguido. Puedo estarte viendo, pero no escuchando, mientras que estoy pensando en cosas que no tienen nada que ver con lo que me están diciendo. Si lo practicas seguido, se vuelve un hábito. Te sirve para decidir a qué información le das acceso o cuál ignoras.

Si estás pasando por una enfermedad similar o un problema parecido y te hacen comentarios imprudentes que no te están favoreciendo y te hacen sentir mal, es bastante válido decirles que están diciéndote cosas que no generan sentimientos favorables o que no ayudan a tu situación. Así, esas personas también se darán cuenta de que no es por ahí, no es por donde deben llevar la conversación. ¡Hazlo sin vergüenza! Piensa siempre en ti, en tu bienestar. No permitas que nadie venga a escupir palabras que no necesitas.

Cuando te dicen algo estúpido y le pones atención o sigues la plática, tiemblas. Lo sientes más porque tú estás en esa batalla, tú estás en tu proceso, quieres salir adelante, vivir. Si vienen y te dicen una pend...a, te tiran.

Yo temblaba cuando escuchaba todo eso, hasta que dije *¡NO!* y empecé a usar la técnica de bajarles el volumen de voz en mi mente. También decirle a la gente, fuera quien fuera, que su conversación no me hacía sentir bien; así de simple. Suficiente tiene la persona con la enfermedad como para dejar que alguien la ponga mal y, aparte, sin poner un alto.

Las palabras son magia pura, te hacen sentir acompañada o te tumban. Algunas veces no fue la enfermedad la que me hizo sentirme miserable, sino las palabras de las personas que me visitaban o de algunas que encontraba en la calle.

Hubo personas que, en sus charlas, me compartieron un ejemplo de alguien más, que enfermó de lo mismo y murió. ¡Eso no ayuda nada en una batalla así!

Es muy importante aprender a usar las palabras correctas con las personas enfermas. Cada vez que vayas a decirle algo a una persona enferma, piensa si eso que vas a comentar va a generar sentimientos de aliento o de miedo. Si tienes una experiencia mala, no la digas, no es necesario saber más tragedias, además de la que está tratando de atravesar el enfermo. Tampoco digas palabras de compasión o de lástima hacia la persona; eso la hunde en su proceso. Vuélvete consciente de cada palabra que digas y, sobre todo, ¡SÉ PRUDENTE!, porque puedes hundir anímicamente a alguien con un comentario.

Tampoco se trata de fingir, expresa motivación desde el corazón. Usa el *rapport*, que se refiere a la capacidad de ponerse en los zapatos del otro y preguntarle qué le ayudaría o qué le gustaría escuchar; pero desde el corazón, desde el alma, sin fingir, siendo auténticos y haciendo empatía con la persona enferma.

Varias amistades, al visitarme, me decían *fulana o fulano también se enfermó de lo mismo.* En ese momento, lo que yo quería era sentirme valiente y amada. Yo lo que menos quería, era saber si éramos muchos.

Escuché una vez que las palabras matan. Y si no estás preparada para esta guerra de palabras asesinas, sí te matan. Cuando alguien platica acerca de otras personas enfermas de lo mismo o de personas que murieron por esta enfermedad, ¿imaginas qué siente la persona enferma que te escucha? Sus células tiemblan como gelatina. ¿Qué pasaría si mejor platicas casos de éxito o de personas que salieron victoriosas de la batalla? ¿Verdad que es diferente?

Lleva aliento, fuerza y amor a la persona que visitas y que está enferma.

Y qué decir del lenguaje no verbal, el de las miradas. Cuando te quedas sin pelo, caminas por la calle y las personas a tu alrededor empiezan a mirarte con compasión; lo que comunican es miedo, tristeza. ¿Qué pasaría si esa mirada comunicara fortaleza y seguridad? Cambiaría todo lo que siente la persona enferma, la llenaría de sensaciones de valentía y fortaleza.

Las miradas de lástima hay que cuidarlas. Mejor llenarse de energía positiva, de buena vibra y transmitirlas con la mirada, hacia esas personas que la necesitan tanto.

En este capítulo es de gran valor que, aquellas personas que acompañan a una persona enferma o tienen a alguien con esta enfermedad, empiecen a tener cuidado de la comunicación que tienen con ellos. Deben aprender a hacerlo de manera correcta, cuidar sus palabras y el mensaje que dejan en la persona, que tanto necesita recibir palabras que le generen sentimientos buenos y positivos.

No olvides que esas palabras deben venir desde el corazón para que se sientan sinceras. Todo se percibe y, si es algo que no sientes, lo notará la persona enferma.

Antes de ir a visitar a un enfermo, prepárate para sentirte bien y fuerte. Llévale esa energía, de la alegría y fortaleza que necesita recibir en medio de su malestar.

Para terminar este capítulo voy a compartir contigo algunas frases que te pueden ayudar para cambiar la vibración de tus pensamientos. Repítelas de modo constante hasta que las tengas bien grabadas en tu mente.

- Me perdono y perdono liberándome de toda culpa y resentimiento.
- Me amo con todo mi ser y me comprometo a ser feliz HOY, mañana y todos los días.
- Me apruebo y acepto tal como soy. Soy perfecto.
- Agradezco lo vivido y tomo lo aprendido para vivir con plenitud.
- ¡Ser feliz es mi responsabilidad y voy por más vivencias increíbles!
- Suelto el control aliviando mi existencia y confiando en que sucederá lo mejor para mí y mi familia.

- Merezco todo lo bueno que me suceda.
- Con cada respiración me recuerdo el ser feliz.
- Agradezco este día y todo lo que hoy tengo la oportunidad de vivir.
- Bendigo mi presente, pasado y futuro; bendigo mi vida y la de todos los que amo.
- Todo es perfecto cómo sucede, acepto un plan divino y dejo el control.
- Me comprometo a poner mi energía, y atención, en todo lo bueno y maravilloso que me suceda.
- Agradezco todo lo vivido y soy consciente de todos los regalos que hoy tengo en mi vida.

Cualquier frase que te haga sentido, ponlas en un papel en el espejo de tu baño o donde las veas todos los días. Repítelo con toda convicción y respira profundo mientras lo haces. Te platico que cuando llevaba a mis hijas a la escuela lo repetíamos y las hacíamos como reguetón, rancheras o rock. Las repetíamos en forma divertida y poniéndole mucha actitud, así que sé lo más creativo que quieras.

9

UN DÍA INOLVIDABLE

Ser feliz es un derecho.

Acababa de pasar la última quimioterapia en septiembre. En octubre me hicieron el PET, que es un estudio donde te escanean de pies a cabeza para revisar si hay alguna célula maligna. Es donde verifican que ya no haya células cancerosas.

Cuando me lo realizaron estaban mis hermanos, mi papá, Beto (que nunca se separaba de mí) y mis hijas, todos acompañándome. Yo estaba muy nerviosa. Me rebasaba el terror. Tenía miedo de que me dijeran que no había funcionado el tratamiento y me tocara repetirlo. Eso yo ya lo había vivido con mi mamá, quimios que no funcionaron. Todo el proceso tenía de referencia lo vivido con mi mamá. Fue un gran reto hacer mi propia historia, que fuera diferente a la de ella.

Tras hacerme el estudio, me dieron la noticia de que estaba limpia. ¡Fue fiesta nacional! Estábamos muy felices. Todos lloramos de alegría, muy emocionados y contentos. Fue un momento victorioso y mi alma estallaba de alegría. Todos en la pequeña sala brincando de alegría. ¡Mi ser explotaba de felicidad!

Eso fue en octubre. Regresamos a Cancún. A partir de ahí, cambió mucho mi forma de ver la vida, ahora, disfruto todo.

Como mis hijas aún no entraban a la escuela, nos dedicamos a viajar. Fuimos a Londres. Pasamos un mes con el Dr. Richard, tomando todos sus cursos de Programación Neurolingüística.

Ahí conocí a Roberta Liguori. Ella es muy delgada, atlética, de ojos negros y cabello negro muy corto. Nos coordinaba en los eventos del doctor. Cuidó mucho de mí durante las clases. Es italiana, pero habla muy bien el español. Siempre estaba pendiente de todo y de que estuviera bien durante los cursos.

En un ejercicio llamado *La línea del tiempo*, que estaba haciendo con ella, yo trabajé el miedo a las revisiones porque pensaba que sería una friega estar yendo cada cuatro meses a ver si regresaba o no esa enfermedad horrible.

Aunque me sentía muy feliz por la noticia de estar limpia del cáncer, experimentaba también un poco de inseguridad por tener que regresar cada cuatro meses. Pensé que sería una angustia. Por eso decidí trabajar eso en el ejercicio. Recuerdo bien que cuando abrí los ojos, al terminar el ejercicio, Roberta estaba sentada delante de mí.

—¡Todo va a estar bien! Y la energía que uses para estar angustiada cada cuatro meses, mejor úsala para vivir. Te lo digo porque yo soy una sobreviviente igual que tú —me dijo Roberta mientras yo abría cada vez más los ojos.

¡Me sorprendí! No lo sabía. Se convirtió en un angelote para mí. Así que le di la razón. No iba a estar preocupada y angustiada esos cuatro meses gastando energía, mejor la enfoqué en vivir. Yo pensaba:

—¿Cuánta gente se muere de un momento a otro y no está enferma de cáncer o ni lo tuvieron? ¡Esas mismas probabilidades tengo yo!

Ella hizo una programación mental muy buena en mí. Roberta había escrito un libro sobre su vivencia y me recomendó que también yo lo hiciera, que tenía que compartir todo lo que había vivido.

A ella, cuando el doctor le dio el diagnóstico, le dijo que su cáncer era muy agresivo y que sus posibilidades eran pocas, que no podría ni siquiera hacer ejercicio, que su vida ya iba a ser otra. Roberta escuchó al doctor, pero por dentro, pensó en darle la vuelta a las palabras que escuchaba. Lo logró, escribió su libro, que fue un *Best Seller*, y ahora es *coach* de PNL en Italia. Contra todo pronóstico de su doctor, está viva y hasta convertida en una *Ironman*[1]. Las palabras de Roberta y de Michelle son muy valiosas, llenas de poder, porque vivieron lo mismo que yo.

Así como para mí fue tan importante haberme encontrado en el camino con ellas, así quiero que para ti, el leer este libro, te llene de esperanza y te motive a luchar y ganar esta batalla, que sepas que ¡sí se puede! Y que ser feliz es un derecho que tienes.

Tiempo después volví a encontrarme con Roberta en Orlando, Florida; en un curso también del Dr. Richard. Ella pertenece al grupo de coaches que lo apoyan en sus eventos. Ahí también tuve un día increíble, pues en un

---

1 Adjetivo que reciben las personas que participan en un triatlón que lleva este nombre y que consiste en 3.8 kilómetros a nado, 180 kilómetros en bicicleta y 42.2 kilómetros corriendo.

ejercicio de meditación seguía reforzando mi confianza en que todo estaría bien y que, a diferencia de mi madre, a mí no me regresaría esa enfermedad. Mi batalla estaba ganada y necesitaba asegurarme de que así fuera.

En esa ocasión conocí también a Rocío, *coach* de Colombia, del *staff* del Bandler, y también estaba Ana, una señora española ya mayor, que al igual que yo, también era alumna del curso.

Pues ahí estaban esas tres mujeres excepcionales que el destino había puesto conmigo, viviendo la experiencia de esa práctica. A las tres les tocó guiarme en el ejercicio. Me hablaban en una meditación hermosa y mágica, que me hacía sentir segura, llena de vida, saludable y que me decía que así sería por muchos años más. Fue un momento único escuchar esas tres voces con diferentes acentos. Mi cuerpo vibraba de emoción. Mis células se llenaban de cada palabra y se grababa en mi mente todo lo que necesitaba para llenarme de FE y seguridad. Abrí mis ojos, terminó el ejercicio y les agradecí con el corazón que hubieran trabajado conmigo esa meditación.

Afuera del salón, las tres tomábamos un descanso entre café y té. ¿De qué crees que me enteré? Pues algo que me dejó impresionada y perpleja. Dios había puesto en ese encuentro a tres sobrevivientes de cáncer, dándome testimonio de que sí se puede. Cada una lo había tenido en algún momento de su juventud y ahora estaban ahí, llenándome de esperanza el alma y Dios, diciéndome: *¡Aquí te pongo una vez más una muestra y ejemplo de que tú también estarás bien!* ¡Qué impresionante! ¿Verdad?

Es increíble cómo pasan cosas mágicas que te llenan de esperanza y te recuerdan que todo va estar bien y que ser feliz es un derecho divino.

TÉCNICA: CAMBIANDO ESTADOS EMOCIONALES A VOLUNTAD

Un estado emocional se crea en la mente, es el reflejo de la percepción de un individuo. Te has preguntado *¿por qué una misma situación puede tener diferentes reacciones en las personas?* Algunas viven con rencor por años, mientras otras perdonan cosas incluso más difíciles. Todo es percepción, el enfoque, la mente; y esto se puede dirigir.

A continuación te compartiré una guía que te servirá de base para cambiar cualquier estado emocional. También te sugiero que puedas fusionarla con las recomendaciones que vienen narradas al interior del capítulo.

Bases para cambiar un estado emocional: puedes grabar tu voz, o pedirle a alguien más hacerlo, para guiar este ejercicio. Haz una pausa al terminar cada uno de los pasos para dar tiempo de realizarlos.

1. Respira profundo y relájate. Cierra tus ojos e inhala lento. Identifica cuál es la emoción que estás sintiendo y ponle un nombre. Puede ser ansiedad, tristeza, enojo o frustración. Ponle un nombre específico a lo que sientes.

2. Identifica en qué parte de tu cuerpo sientes esa sensación mientras respiras profundo

y trata de cambiar tu ánimo. Para esto tu cuerpo necesita soltar las emociones que no quieres. Si es enojo, te recomiendo que exhales con fuerza por la boca, como si estuvieras desinflando un globo; lo mismo para la ansiedad y frustración. Imagina que con tus manos quitas esa emoción de tu cuerpo, de esa parte específica en donde la sientes. Realiza esta actividad en varias ocasiones mientras exhalas con fuerza por la boca. Asegúrate de que hayas sacado la emoción. Si llega una imagen negativa a tu mente imagina que te apartas de ella y se aleja mientras exhalas.

3. Si la emoción es tristeza puedes hacer lo mismo, pero la exhalación deberás realizarla por la nariz. Procura expandir tu pecho mientras inhalas. Es probable que te den ganas de llorar, hazlo si necesitas liberar energía de tu cuerpo. Si llega una imagen negativa a tu mente imagina que te apartas de ella y se aleja mientras exhalas.

4. Una vez que hayas liberado la energía atrapada de tu cuerpo, respira profundo y piensa en ese lugar que es tu refugio. Trae a tu mente la imagen de algo que te haga sentir bien. Puede ser un lugar que visitaste o que quieras visitar; ese lugar ideal que te hace sentir una gran comodidad. Empieza a hacer la imagen cada vez más grande, tanto que puedas sentir cómo, poco a poco, vas entrando en ella. Como si te metieras a ella

y ahora puedas percibir todo, absolutamente todo de esa imagen. Pon atención a los colores, a las formas, a todo lo que hay a tu alrededor. Observa el movimiento, escucha los sonidos y siente cómo ellos vibran en tu cuerpo. Siente los aromas y el ambiente del lugar en tu cuerpo.

5. Como tú eres el protagonista de esa nueva historia, obsérvate. Percibe los colores de tu ropa y zapatos. La comodidad que sientes al estar ahí. Sigue respirando profundo y llénate de todas esas sensaciones que estás presenciando.

6. Intensifica la emoción al respirar profundo y disfruta de ese lugar que has creado únicamente para ti. Es tu refugio, en este lugar todo es perfecto y te sientes muy bien.

7. Respira profundo y siente cómo todo tu cuerpo está en armonía. Siente cómo los latidos de tu corazón ahora son suaves, pausados, laten con un ritmo maravilloso guiados por tu respiración. Ahora te sientes tan bien, que tienes la necesidad de sonreír. Es entonces que te das cuenta de que nada tiene poder sobre ti, que nada te puede dañar, tú eres quien otorga los permisos. Y hoy permites sentirte perfectamente bien.

8. Cuando estés listo, lentamente abre los ojos, y regresa al aquí y al ahora, con un estado emocional excepcional, el que tú elegiste.

De igual forma, puedes encontrarlo en el siguiente QR o entra a la página http:// elregaloquenopedi.com/:

10

ESTARÉ EN LA BODA
DE MI NIETO

*Cuando tu sueño es poderoso para
tu corazón, puedes atravesar
cualquier tormenta.*

Cuando viajamos a Londres tenía como una semana que había terminado la última quimioterapia. Mi oncólogo me dijo que no podía hacer viajes largos por las consecuencias de la quimio. Yo ya había visto el curso y quería conocer a uno de los creadores de la PNL. Sentía que mi familia y yo necesitábamos reforzar las herramientas por la situación que estábamos viviendo. Decidí aventurarme en un largo viaje.

Le pedí a mi hija María José que localizara dónde estaba el Dr. Richard Bandler para ir los cuatro. No entendía cómo era posible que tantos años sabiendo de la PNL y siempre había pospuesto buscar a sus creadores para conocerlos. Estaba decidida a no seguir postergando las cosas que deseaba en la vida. Más ahora que había aprendido que no puedes dejar para mañana lo que puedes hacer hoy, pues esa mañana, nadie lo tiene seguro. Estaba dispuesta a vivir, como si mañana me volvieran a dar la noticia del cáncer y yo estuviera segura de que no me faltó nada por hacer. ¡Así fue! ¡Llegué bien! Con un poco de gripa, pero nada más.

Le platiqué al doctor Richard sobre la recomendación de no hacer viajes largos. Me dijo que mi doctor no sabía el poder de la mente. No pasó nada por haber hecho ese viaje. Me cayó muy bien asistir a esos eventos. Fue muy difícil e intenso, aguanté todo, nunca me salí. El ritmo de los cursos era largo. Aún en mi debilidad saqué fuerza y pasión por obtener nuevas herramientas que me ayudaran a recuperarme de tan devastadora lucha.

Si uno quiere salir adelante, es importante prepararse y fortalecer su desarrollo personal. Hoy en día, hay muchas opciones de cursos o tutoriales en internet. Lo único que necesitamos es tomar acción. Aunque en ese momento mi estado físico no era el mejor, yo estaba dispuesta a sacar todas mis fuerzas para aprovechar esos diez días de estudio.

Pasó algo muy interesante estando allá, yo lo llamo Diosidencia. La hija del famoso Dr. Bandler estaba viviendo lo mismo que yo, por lo que él hizo mucha empatía conmigo. Desde el día que me conoció me ponía mucha atención, entre los trescientos participantes de todo el mundo que estábamos tomando su curso. Él tiene un carácter peculiar, pero conmigo era muy amable. Evidentemente, me relacionó con su hija, que estaba pelona como yo. Según me comentó, somos más o menos de la misma edad.

Lo primero que le dije al Dr. Richard cuando lo conocí fue:

—¡Dr. Richard! ¿Qué pasó? Yo soy positiva, conozco la PNL desde los treinta años. Siempre soy la persona que está inyectando la actitud positiva a los demás. Cuando me pasó a mí, el primer sentimiento fue: *soy promotora de la Programación Neurolingüística y la uso en todos mis proyectos. ¿Cómo pudo pasar? Se supone que mi mente está sana, trabajo en estar bien, ayudo a la gente a que esté bien, motivo a las personas. Y de repente —continué con frustración genuina—, me llega una enfermedad, de la que mucha gente habla, que es psicosomática. Entonces, me entró un sentimiento de no querer hablar con nadie porque me daba pena, porque parecía que yo no pregonaba con el ejemplo ante ellos. Me pegó en el ego —acepté, con la esperanza de encontrar entendimiento en las palabras del doctor—. No estaba siendo congruente con lo que yo he dicho, con lo que me pasó. ¡Yo conozco la PNL hace más de 15 años y me enfermé! ¿Qué pasa? ¿Dónde fallé? ¿Qué es lo que tengo que no resolví?*

Richard, es un hombre mayor, pelón, de ojos verdes, vestido con su traje oscuro y sus peculiares corbatas. Empezó a responderme con ese temple y fuerza que tiene su voz.

—Mira, Miriam, mi hija me habló por teléfono y me dijo exactamente lo mismo que tú: *Papá, quiero que sepas, que toda mi vida he comido saludable, que he hecho PNL, que hago meditación y me acaban de diagnosticar con cáncer.* ¡Y te voy a responder lo mismo que le dije a ella como su papá, no como su maestro! —continuó el doctor, mirándome fijamente a los ojos—. ¡Miriam!, la mierda pasa en esta vida, la mierda pasa, la gente se muere, la gente te defrauda, la gente se enferma ¡la mierda existe! ¡Es algo que no puedes evitar! Si te pasó la mierda y te caíste, tienes dos opciones: uno, quedarte en la mierda y en la autocompasión o dos, pararte, sacudirte la mierda y seguir adelante. Nadie quiere estar en la mierda. ¡Yo no quiero estar en la mierda! Así que me salgo de ella.

Ahí fue donde pensé que no me iba a poner a indagar si fue alguna situación que yo provoqué, algo psicosomático. En ese momento, mi energía tenía que estar enfocada en salir de esa mierda.

A raíz de esa charla, estaba convencida de no dejarme caer en la victimización, estaba con una actitud determinada para salir adelante, por ningún motivo permitiría quedarme tirada en la mierda lamentándome y buscando un porqué. Me di cuenta de que también era muy importante sacudirme la mierda, porque no podía pararme e ir embarrando a los demás con ella. Hay tanta gente que con su amargura y victimización, va embarrando a los que están a su alrededor y llenándolos de resentimiento.

Comparto esto contigo porque si estás pasando por un momento difícil depende de ti quedarte atascado ahí o pararte, sacudirte la mierda y seguir adelante. Esto es importante ante cualquier situación: tragedias, pérdidas de seres queridos, pérdidas económicas, enfermedades, decepciones, pandemias, fracasos o cualquier cosa mala que te pasa en la vida.

Toma acción así como decidí hacerlo yo, y vivir con pasión, disfrutando de todo lo maravilloso que llegue a tu vida.

Esto significa asumir la responsabilidad de elegir las emociones con las que quieres seguir viviendo, sin culpar a nadie ni a nada. Y eso es una elección que solo tú puedes hacer.

En una de las pláticas con el Dr. Richard le comenté que yo tenía mucho miedo de que siguieran las células malignas en mi cuerpo, de que no estuviera limpia, que yo había llegado a ese curso, con muchos miedos, sabía que necesitaba trabajarlos, y que estaba muy motivada por el amor y las muestras de cariño de mi familia y mis amigos, que quería trabajar mis temores. Él me hizo una inducción de hipnosis y me dijo:

—Vamos a empezar con dos cosas. Uno, tus células se pueden volver a regenerar, así como cuando eras una niña de cinco años —me dijo mientras yo estaba en una meditación—. Dos, aférrate a un sueño muy fuerte. No solo a las bodas de tus hijas. ¡Aférrate a cosas con una mayor proyección de tiempo! Como la boda de tu nieto y ¡cree que vas a estar ahí! ¿Cómo te la estás imaginando? ¿Cómo estás tú? Es más, tú le vas a pagar la boda a tu nieto.

Este tipo de ejercicio, de imaginarme no dentro de cinco años, ni diez, sino una proyección a muchos más años, me empezó a emocionar. Te imaginas, quizás, conocer a tus nietos, pero no te imaginas estar en la boda de ellos, verte en la misa, y mucho menos, que la abuela va a pagar la fiesta.

Fue algo muy bonito, aferrarme a eso, a ese sueño, a ese momento que empezó a emocionarme, a anclarme y a decir: —*¡Yo voy a llegar a ese momento! ¡Quiero vivirlo! Quiero ver la cara de mi hija cuando su hijo se esté casando.* En mi imaginación, vi a Beto, mi esposo, de viejito, vi a María José con sus hijos. El nieto que me imaginé, era el hijo de Sara ¡no sé por qué!, pero fue en el que pensé. Lo imaginé igual de rebelde, auténtico y divertido que ella. Y yo feliz, bailando con mi nieto en la fiesta de bodas que yo pagaría. ¡Fue muy bonito!

El doctor me llevó a ese momento, a partir de ahí, cuando yo me siento con miedo, pienso en la boda de mi nieto, que yo voy a llegar ahí y me aferro con toda mi alma a ese momento.

Me aferré a un sueño después de la última quimio, pero porque no sabía. Tú hazlo desde el diagnóstico. Aférrate con todo tu ser a todos esos momentos increíbles que te faltan por vivir. Imagínalos en los próximos diez, veinte, treinta años o más. Lo importante es que tu pasión sea suficientemente fuerte para que emociones a cada célula de tu cuerpo a vivirlos.

Fue muy bello conocer al doctor Richard y que él me haya ayudado de esa manera, con estos ejercicios. Agradezco la Diosidencia de que él me viera, en el momento en el que su hija estaba pasando por lo mismo y me arropara de la misma manera. Sin duda, él vio reflejada en mí a su hija. Eso ha sido algo que me ha ayudado mucho.

A mí me funcionó mucho esta meditación con el doctor Bandler y te comparto cómo puedes hacerlo tú sola de manera muy sencilla.

Sitúate en un lugar cómodo. Pon música relajante de tu agrado. Imagina que estás en la boda de uno de los hijos de tus hijos. Si no tienes hijos, imagina dónde podrías estar a los setenta u ochenta años. Lleva tu atención a todo lo que ves. ¿Cómo están vestidas las personas? ¿Cómo está arreglado el diseño? ¿Cómo se ve tu familia a esa edad? Después pon atención a los sonidos. ¿Qué tipo de sonidos hay? ¿Es música? ¿Escuchas voces? ¿Escuchas risas? Esfuérzate en imaginar un momento muy feliz para todos. Deja correr la película de ese momento.

Ahora, mientras ves lo que ves y escuchas lo que escuchas, lleva tu atención a lo que sientes. ¿Cómo se siente estar con vida y con salud en ese momento? ¿Cómo se siente ver a tu familia feliz? ¿Cómo se siente ver toda esa película? Concéntrate en ese momento y trata de hacerlo más intenso. Agradece el hecho de estar viviendo ese momento tan feliz para todos. Respira profundo un par de veces y regresa al aquí y ahora.

De igual forma, puedes encontrarlo en el siguiente QR o entra a la página http:// elregaloquenopedi.com/:

11

DE REGRESO AL CONSULTORIO

Si no tienes tu propia lista de deseos,
vas a perseguir la de los demás.

L a primera revisión después de pasar el proceso de quimioterapia fue dura, implicaba regresar al hospital donde inició todo. Necesitaba trabajar mi mente para deshacer los condicionamientos negativos que yo traía y que se habían creado por la experiencia de mi mamá. Entrar a ese lugar donde no la pasé muy bien.

—¡Chin! ¡Otra vez a la friega! —decía en mis adentros.

Pasó algo muy bueno, la asistente del doctor, de nombre Alina, que es una señora que me quiere mucho, ella, como todas las demás enfermeras, al verme corrió a abrazarme y a preguntarme con mucha emoción y amor: *¿cómo sigue?, ¿cómo está?* La verdad, mis respetos para las enfermeras y el doctor, me hacían sentir bien.

Cada vez que voy, me da tanto gusto verlos y ya no siento la mala sensación al llegar. Los consultorios ya no me causan miedo, ni angustia. Ahora disfruto el buen trato, el modo en que me consienten y hasta bromeo mucho con el personal. Para mí, el sentido del humor es sustancial. Como dice mi hermano, *paso saliva de repente;* pero me ven tranquila y me siento bien, son cosas que ya pasaron.

El ejercicio de *La línea del tiempo* que hice con Roberta, me ayudó mucho porque trabajamos la cuestión de las consultas posteriores.

Ha habido estudios que me asustan, como el de hace ocho meses, en el que me dijo el doctor que tenía algo en el hígado. De inmediato pensé que ya había regresado la enfermedad. El doctor insistió en que no estaba afirmando que tuviera cáncer de nuevo, pero debía revisar dentro de cuatro meses, para ver qué era eso que tenía.

Este tipo de experiencias son un reto para mí. Vuelve la experiencia vivida con mi madre, de su enfermedad. A ella, le reincidió en el hígado a los tres años.

Al día siguiente de ese diagnóstico, me sentí mal. El miedo se estaba apoderando de mí y, de inmediato, pensé en que la cantidad de vida que me quedara la viviría con plenitud.

Retomé el condicionamiento de imaginarme en la boda de mi nieto. Volví a hacer meditación para no caer en estados anímicos que no me favorecían. No pensaba desperdiciar los cuatro meses que seguían pensando en eso ni preocupándome. Recordé que mi energía tiene que estar en el aquí y ahora. ¡Así lo hice!

Al final, en el siguiente estudio todo salió bien. Hubiera sido muy tonto, en ese lapso de espera, desperdiciar mi energía en algo que no fue.

Siempre que me hacen estudios, me llenan de químicos, por ello, tomo suplementos naturales para limpiar mi cuerpo de todas esas sustancias que me meten. Trato de purificarme, pues me angustia que metan tanto químico, pero también confío en la capacidad que tiene mi cuerpo para recuperarse.

Me hacen el estudio cada cuatro meses y, cada que lo hacen, celebramos. Es una celebración de vida que hacemos con mis hermanos, Beto y mis hijas.

Siempre estoy agradeciendo por la oportunidad de vida. Yo creo que es como un permiso de Dios para seguir viviendo y que tengo que honrar la vida, vivirla feliz, contenta.

El proceso de celebrar la vida, de vivir con pasión, es porque sé que no tengo nada seguro, así como nadie en esta vida lo tiene. Por un lado, estoy condicionada con la boda de mi nieto, pero, por otro lado, esos exámenes cada cuatro meses son un recordatorio de cómo debo vivir, de disfrutar.

Me parece increíble que algunas personas se dejan caer ante cualquier problema pequeño; no han vivido un proceso de enfermedad y se quejan como si fuera el fin del mundo.

Revisarme cada cuatro meses es un regalo. Me recuerda que cada momento es una oportunidad de vivir con pasión y creo que, cada día, es un milagro de vida que me regala Dios. Y planear un increíble futuro a partir de mi pasado, viviendo con cada célula mi presente.

En ocasiones siento que, con tan solo ver un atardecer, explota mi pecho de éxtasis y de emoción, de maravillarme de esos regalos que me dicen que estoy viva.

A esas revisiones ya les encontré otro sentido. Ahora que pasé la última, siento que a mí, Dios me da un banderazo para seguir adelante cada cuatro meses y siempre pienso que no hay tiempo que perder. No me pierdo nada, disfruto todo.

Tomo una pastilla que seguiré tomando por diez años. Me causa efectos secundarios y aunque alguien me diga que deje de tomarla, yo no le hago caso y la tomo. Si hay una pastilla que me ayuda a evitar la reincidencia, es una bendición, así que la bendigo y me la tomo. Para mí, no es veneno, es una bendición y pagar un precio por los efectos secundarios es mi cuota para vivir. O es eso o nada.

Parte de tener la oportunidad de salir de la enfermedad o salir bien en los estudios es honrar a la vida. Lo hago con mi propia lista de deseos que quiero vivir. La vida me había enseñado que si yo no tenía la mía, desperdiciaría mi tiempo siguiendo la lista de los demás.

Ahora te invito a que te tomes unos momentos para pensar en todo lo que te gustaría lograr. Quiero que hagas tu propia lista de deseos. Las siguientes preguntas pueden ayudarte un poco:

- ¿A qué lugares te gustaría viajar y con quién?
- ¿Dónde te gustaría vivir?
- ¿Qué tipo de ropa quisieras usar?
- ¿Qué experiencias te gustaría vivir?
- ¿Cómo te gustaría que fuera tu salud?
- ¿Qué alimentos nuevos quisieras probar?
- ¿Qué te gustaría aprender?
- ¿Qué entrenamientos te gustaría estudiar?
- ¿Qué libros quisieras leer?
- ¿A qué lugares de tu ciudad te gustaría ir?
- ¿Qué quisieras hacer con más frecuencia?
- ¿A quién te gustaría dedicar más tiempo?

Te invito a que hagas tu lista ahora. La mayoría de los lectores que dicen que lo harán después, al terminar el libro o por la noche, no lo hacen. Te invito a hacerlo ahora.

MI VERSIÓN IDEAL

Ahora pregúntate: ¿Qué se sentirías pudieras vivir tu versión ideal?

Este ejercicio está basado en la idea de "tu mejor versión". Se conoce como el "Yo Ideal" y está basado en un concepto de la PNL llamado "Identificación en Trance Profundo". Con este ejercicio buscamos aprender a través de experimentar el cuerpo ideal de una persona, o en este caso, tu cuerpo ideal.

A continuación, te compartiré las partes y los pasos que necesitas realizar para llevar a cabo, y estimular tu sistema inmunológico:

PARTE I

1. Cierra tus ojos e imagina que tu sistema inmune te agrede de alguna forma. Mi recomendación es pensar en dos ejércitos de células (de diferente color). Obsérvalasfuertes y determinadas.

Date unos minutos para repetir los pasos 2 a 4 varias veces.

2. Imagina que el primer ejército (por ejemplo, de color amarillo) viaja a través de tu cuerpo y llega al lugar del problema. Visualiza el problema como si fueran pequeñas células de color negro.

3. En tu mente, observa al ejército amarillo encapsulando y desbaratando las células negras.

4. Cuando las células negras están destruidas, imagina un segundo ejército de células (por ejemplo, de color verde) limpiando todo lo negro y eliminándolo de tu cuerpo.

5. Cuando todo esté limpio y no tenga algún residuo de células negras; imagina a los dos ejércitos flotando y vigilando tu torrente sanguíneo. Esto es para asegurarte de que no sobreestímules tu sistema inmunológico.

PARTE II

6. Ahora imagina una nueva visualización de ti. Esta es una versión mejorada y más saludable que se encuentra de pie o sentado/a frente a ti. Observa lo saludable y energético/a que te ves. Sientes que respiras mejor y sonríes más de lo que lo hacías.

7. Da un paso e intégrate a esta versión mejorada. Observa el mundo a través de sus ojos, escúchalo con sus oídos, y experimenta la mejoría en tu sentir. Date el tiempo para acostumbrarte a la nueva sensación de tu cuerpo, mente y emociones. Mientras respiras profundo.

Sentir eso es gratificante, por eso te recomiendo que intentes amplificar las sensaciones con la siguiente herramienta:

En tu mente piensa en imágenes grandes, que tengan movimiento y mucho color. Intégrate a la visualización y vívelo. Respira conforme sientas que se vuelve más intenso. También imagina que escuchas los sonidos que acompañan esa experiencia y súbeles el volumen. Ahora detecta en qué parte de tu cuerpo nace la sensación y llévala de arriba hacia abajo contagiando, de esa buena vibra, cada célula de tu cuerpo.

Repite este ejercicio las veces que quieras; verás que, cada vez, será cada vez más fácil hacerlo.

De igual forma, puedes encontrarlo en el siguiente QR o entra a la página http://elregaloquenopedi.com/:

12

EL REGALO QUE NO PEDISTE

¡La vida es increíble, no porque así venga,
sino porque así decidimos hacerla!
Agustín Bravo

Cuando terminó toda la odisea de mi proceso en Los Ángeles, regresamos a México. Para eso, decidí empacar mi bolsa en la maleta. No la había vuelto a usar desde que la dejé cuando me operaron. Me olvidé de ella. Al abrirla, me di cuenta de que estaba llena de pañuelos desechables. Juntos, eran una montaña. Al verlos, comprendí todo lo que había llorado, yendo de un consultorio a otro, del laboratorio de estudios al de diagnóstico. ¡Me dio tanta risa! Pensé: *¡Qué barbaridad, lloré como Magdalena!* ¡Cuántas lágrimas y mocos, había dejado en todos esos pañuelos!

A mi regreso a México, se celebró una Misa de acción de gracias por mi salud, a la que llegó muchísima gente. Yo no sabía el acompañamiento que tenía. Con asombro y agradecimiento, me di cuenta de que tuve todo un ejército de personas orando por mi salud. Todo el evento fue hermoso y muy bien organizado.

Los miembros de mi familia dirigieron unas palabras a todos los asistentes. Lo que dijo mi hija Sara fue bastante fuerte. Las palabras de María José también. Ese día fue cuando ella se quebró, cuando agradecimos a Dios. Como te dije antes, María José en todo el proceso nunca lloró, pero ese día no paraba de llorar, solo que sus lágrimas eran de alegría. Ella estaba muy contenta.

Cuando alguien muere, se suele hablar de lo mejor de la persona y de aquello que no le alcanzaron a decir en vida. Yo no tuve que morir para saber el amor que la gente me tiene. Los mensajes que recibí ese día fueron desde el alma. No sabía que yo fuera tan amada. Sé que tengo gente que me quiere, amistades y familia, pero fue una cantidad enorme de mensajes los que recibí.

Yo no entendía cómo era que había trascendido en tanta gente. Las personas abrieron su corazón. Dijeron cosas que nunca me habían dicho y llenaron mi corazón con esos mensajes y sus actos de amor hacia mí. Como el de un sobrino que dejó de comer su comida favorita hasta que yo me curara o una sobrina que me hizo una canción en francés y me mandó un video.

Todas esas manifestaciones de amor fueron algo impresionante y el mejor regalo que recibí ese día. No imaginaba que era tan importante para ellos y no tuve que morir para escucharlo, para verlo, para saberlo.

De esta experiencia, aprendí que no debo esperar a que alguien se enferme o ya no esté presente para manifestar lo que siento. Nadie tiene asegurada la siguiente hora. En adelante ese *te amo,* ese *perdón* o *te admiro,* lo digo en el momento en el que lo siento. No me guardo nada para mañana porque tal vez mañana sea tarde.

Otro regalo que vino a partir de la enfermedad es que me he vuelto selectiva. Para mí, el tiempo ha sido lo más valioso que tengo, pero en este momento se volvió mi riqueza. Todos los días me pregunto a mí misma: *¿Qué quiero hacer hoy?* Si hay compromisos de cosas que no quiero hacer, no voy. Mi tiempo lo administro de una manera más celosa, ahora sé que no lo tengo seguro, que es algo que puedo perder en cualquier momento.

Por ejemplo, la pandemia que está sucediendo en el mundo por el coronavirus mientras escribo este libro, ¿cuántas personas están valorando salir, estar con su gente, abrazar? Lo mismo pasa cuando te enfermas, empiezas a valorar todo.

De la misma manera, soy muy selectiva con la gente que quiero estar, incluso con miembros de mi familia. Tomé distanciamiento con personas que no le hacían bien a mi vida; aunque los ame, prefiero hacer un distanciamiento sano.

Tengo muy desarrollada la parte maternal, en la que me tomaba los problemas de todos como míos. Al final me di cuenta de que las únicas personas de quien soy madre, es de mis hijas, de nadie más. Aprendí a no tomarme los problemas de los demás como míos, de ayudar hasta donde me sea posible, sin que me afecte emocionalmente.

Cuido mucho mis emociones y no es que no me importe el mundo, es que ahora me importa sin que involucre mi bienestar.

Desde niña viví con muchos sueños y pensaba que, en la vida, tener éxito estaba basado en el dinero, en el ego, en aspirar cada día a más. No sé de quién lo aprendí, pero lo aprendí, lo hice mío y aprendí que eso era la felicidad.

Cuando pasa este tipo de enfermedades y la gente está atrapada en esas creencias, no se da cuenta de que lo valioso de su vida es amarse, cuidarse, empezar a hacer las cosas que quiere hacer y no las cosas que los demás quieren que haga.

Al final, escribí esto:

La felicidad es este momento, lo que estoy viviendo en este preciso momento, los amaneceres y atardeceres espectaculares. La felicidad está en la sonrisa de la gente que amo, en los abrazos, las canciones que me emocionan, carcajearme con mis amigas; esa es la verdadera felicidad, no todas las creencias.

Es desaprender y aprender. Darme cuenta de que todo el tiempo estoy persiguiendo la felicidad, y la felicidad es este momento. O condicionándola a si pasa esto, si logro tal o cual cosa voy a ser feliz. La verdad es que no. La felicidad es este momento, pues no tengo asegurado el siguiente minuto.

Un buen vino y una buena plática los disfruto mucho ahora. Después de vivir esta experiencia siento como si Dios me hubiera puesto unos lentes 3D. Veo esos atardeceres y vibro, me dan ganas de llorar, siento sensibilidad ante todo y por todo, incluso las cosas más pequeñas, veo una flor y la veo impresionante.

Voy en el avión y veo las nubes como borregos y me emociono. Me emociono al ver todo eso. Por eso digo que Dios me puso unos lentes 3D. Abrió mis sentidos a lo máximo y la verdad es que, todos tenemos esos sentidos, solo que los tenemos dormidos o atrapados en creencias que no sabemos ni quién las puso ahí, en nuestra cabeza, y nos limitan tantas cosas. También nos hacen vivir en automático, sin darnos cuenta de todo lo hermoso que puede tener un día; un simple día.

Cada día me pregunto qué quiero hacer y, en ocasiones, la respuesta es que no quiero hacer nada y lo disfruto; es algo que, a raíz de lo que viví, hago todos los días.

Sé que hay actividades de trabajo, hay labores que debo hacer, pero también, son cosas que quiero hacer. Fueron muchos años partiéndome en piezas para hacer todo, y sé que me sirvió hasta un momento de mi vida. Tuve un papá que fue un excelente doctor y cultivó en mí ser profesional, para tener logros y éxito; eso estuvo bien, pero creo que yo me pasé un poco.

En la cultura donde nací, debía ser una mamá que se partía en mil; ser responsable, hacer cosas, ser resolutiva como hermana, como prima y como amiga. Me partía en mil y resulta que, en todas esas partes, no estaba yo misma como prioridad.

Aprendí que yo soy mi prioridad y que sí puedo ayudar a las personas, pero no puedo hacerme responsable de sus vidas, ni mucho menos, que pongan su basura emocional de mi lado. Aprendí a escuchar sin quedarme con la basura. He aprendido a base de golpes.

Me han pasado muchas cosas en la vida y la resiliencia fue una bendición que Dios me dio, porque a punta de topes contra la pared he aprendido.

Este regalo de Dios que no pedí, haberme dado esta batalla, me llevó a aprender cómo amarme y disfrutar ahora con lentes 3D, y con ellos, es como estar en un periodo de trance al estar viva. Me emociona encontrar lo bueno dentro de la experiencia negativa que me dio la enfermedad. Ese fue otro regalo y lo comparto contigo para que sepas que en todas las vivencias difíciles, como esta pandemia, hay muchos regalos que la vida te está dando. No hay tiempo que perder, tómalos, aprende y desaprende y úsalos para vivir feliz.

Para cerrar este capítulo te compartiré otro ejercicio. Recuerda que tu mente puede ser muy poderosa si la enfocas en el resultado que deseas. Para este trabajo vas a necesitar estar en un lugar cómodo para cerrar tus ojos.

Después de cerrarlos vas a imaginar que te haces muy, muy pequeñita; pero tu cuerpo no. Estás sobre tu cabeza, ahora eres tan pequeña que puedes entrar a tu cerebro a través de un cabello, como si fuera un elevador. Desciendes hasta la mitad de tu cabeza. Ahí está el centro de operaciones de todo tu cuerpo. Vas a dar un mensaje a tu ejército de sanación. Imagina que hay millones de soldados distribuidos por todo tu cuerpo que son los encargados de darte salud.

Imagina que por medio de un micrófono hablas con tu ejército. Todos pueden oírte. Están felices de servir para ti. ¿Qué les quieres decir para que mantengan tu cuerpo sano? ¿Qué les quieres agradecer por protegerte desde antes de nacer? En tu mente ponles palabras a tus sentimientos y compártelos con tu ejército.

Finalmente, imagina que terminas de dar el mensaje y tu ejercito crea una barrera alrededor de tu cuerpo. Solo aquello que contenga amor divino puede traspasar esa barrera. Respira profundo y agradece porque está hecho. Respira profundo un par de veces más, y regresa al aquí y al ahora.

De igual forma, puedes encontrarlo en el siguiente QR o entra a la página http://elregaloquenopedi.com/:

13

MOMENTOS MILAGROSOS

La oración tiene un poder inmenso.

La vida es como un sistema que une a las personas cuando necesitan de un ángel que las ayude en momentos difíciles. Cuando vi la película "X", donde un hombre busca a siete personas para donarles un órgano a cada una, sin que ellas sepan quién es el donante, me di cuenta de que era real: la vida va ligando a la gente.

Baltazar es dentista y amigo de mi hermana. Es alguien que yo no conocía. Él hizo que Michelle me recibiera y me ayudara. Estuvo pegado a mí como si fuera mi familiar. Me cuidó mucho la dentadura. Me llevaba cosas para que me pusiera, con las quimios se caen los dientes. Gracias a su ayuda, a mí solo se me cayeron dos. Baltazar estuvo muy pendiente de mí.

También apareció Roberta Liguori, del curso de PNL. Ella fue como un angelote para mí. Apareció el doctor Richard Bandler que, a partir de ahí, es mi amigo. Apareció Renata, la asistente del Dr. Levry. Solo por mencionar algunos. En este lapso de mi vida conocí a seres humanos espectaculares que me han aportado mucho y sin esta enfermedad, no los hubiera conocido.

Apareció mucha gente buena a mi alrededor y yo sentía tanto amor por todas partes, que me decía a mí misma:

—¡Ni me conocen! ¿Cómo pueden ser tan buenos conmigo?

Una amiga me dice que todos esos ángeles que aparecieron en mi vida fueron por el cúmulo de oraciones dirigidas a Dios para mi sanación. Ellos representan a toda la gente que estaba orando desde sus casas y desde lejos.

Cuando me operaron, había un doctor que se llama Slate. Él es cirujano plástico. Michelle me dijo que era un excelente doctor, pero que era medio enojón. El doctor fue un amor conmigo, se despidió de mí y fue a verme a la casa. Al grado de que Michelle no lo podía creer. Todos le tenían pavor al señor por su carácter demasiado fuerte. Conmigo fue muy paciente.

Creo que Dios y mi mamá me ayudaron. Yo sentí que me acompañaban. En muchas ocasiones, cuando estaba en el hospital y pasaba alguna situación, me tenían que canalizar o cualquier cosa que se salía de lo ordinario, siempre me tocaba alguna enfermera muy atenta y amable. Yo sentía esa calidez. Me sentía protegida. A cada tanto, seguían apareciendo personas buenas a mi alrededor.

No solo personas extrañas o desconocidas, muchos amigos y familiares hubieran querido estar cerca de mí en el proceso. Solo que yo hice el tratamiento muy lejos de ellos, me fui a EE.UU., donde vivía mi hermana.

En esos momentos tan difíciles fue apareciendo gente que me hizo sentir acompañada, que hicieron actos de amor conmigo. Convirtieron muchas circunstancias en algo especial, eso hizo que los momentos difíciles se volvieran increíbles.

Tuve sorpresas de amor como nunca. El día de mi cumpleaños, María José entró a mi habitación a despertarme con la laptop en mano. Resulta que varias personas le mandaron videos con felicitaciones para mí. Mandaron porras o palabras de aliento. Eran primos, sobrinos, tíos, tías, amigos, amigas, etc. Fue un video larguísimo, donde todos hablaban, algunos lloraban y me decían que debía salir adelante. Ese video fue increíble, pues me llenó de energía. Imagino que es como si un coche se quedara sin gasolina y el video le diera toda la gasolina que necesitaba. Ese video me dio mucha fortaleza. Esas personas me otorgaron todas las armas que necesitaba para *agarrar al toro por los cuernos.*

Ese mismo día, se reunieron mis amigas, de ahí nació un grupo que se llama: *La vida es increíble.* Son amigas de diferentes etapas de mi vida. Son las de la carrera, las de la secundaria, las de la preparatoria, las de la colonia donde crecí y algunas que conocí estos últimos años de mi vida. Varias de ellas se reunieron e hicieron una fiesta. A mí me gusta mucho celebrar mi cumpleaños, desde siempre. Así que hicieron una fiesta con globos y pastel. Mandaron a hacer una lona con una foto mía. Se grabaron. Grabaron toda la fiesta. Soltaron globos pidiendo por mi salud. Me mandaron toda la fiesta en video. ¡Me pareció de lo más original y hermoso! Yo nunca me imaginé una fiesta sin mí, un cumpleaños mío sin mí, físicamente.

Otra cosa que recuerdo fue cuando me hablaron todos los amigos de generación de mi carrera profesional. Se reunieron y uno de ellos, me puso al teléfono a todos. Se formaron en fila para hablar conmigo y dejarme saber mensajes de cariño con palabras de aliento. Esa llamada fue una sorpresa también, un momento muy necesitado, ya que acababa de terminar mi cuarta quimio y mi cuerpo me estaba pasando la factura. Me sentía muy cansada, sin poder pararme. Me emocioné mucho y sentía cada una de esas palabras, como energía en todo mi cuerpo que me alentaba a seguir.

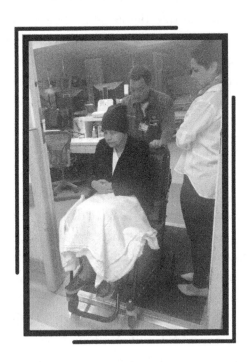

Tiempo de quimios.

En el capítulo anterior, te platiqué que, a mi regreso a México, asistí a una Misa de acción de gracias por mi recuperación. Te platiqué que recibí muchos regalos de afecto y que mi familia me acompañó y me dirigieron palabras salidas de su corazón. Quiero retomar de nuevo el suceso y platicarte más a fondo sobre ello, pues lo considero un gran momento milagroso para mí.

Cuando regresamos, María José me dijo que organizaron la Celebración de acción de gracias porque había muchas personas que querían verme. Querían agradecer a Dios por mi recuperación.

La Misa se llevó a cabo en una ermita. Una capilla que mi mamá construyó, llamada *Las Tres Aves Marías*. Yo me había visto con pocas personas desde mi regreso, solo estaba en contacto a través de mensajes. Recuerda que tuve un periodo de silencio y no hablé con nadie, no quería.

En el momento en que llegamos a la Misa, había gente afuera de la Iglesia, muchísima. Eran personas que lloraron por mí, que estuvieron cerca de mí con sus oraciones. Llegó gente que, incluso, profesan otras religiones, mismas que yo no sabía que habían estado orando por mí.

La Celebración Eucarística fue hermosa y emotiva. Habló Sarita. Empezó con su vocecita cortada. Apenas podía hablar. Dijo cosas hermosas, una de las que mencionó fue que ella recordaba que yo le dije que para algo había venido esta enfermedad a nuestras vidas y que nos quedáramos con ese aprendizaje, para vivir mejor y valorar más la vida. Creo que fue mucho aprendizaje para una adolescente como ella.

Al hablar María José, fue el momento en el que, después de seis meses, rompió en llanto. Sacó todo lo que no lloró durante todo el proceso. Sus lágrimas eran de felicidad para demostrar que su fe había triunfado y para darle gracias a Dios.

En el turno de Beto para hablar, con la voz cortada, agradeció todo el apoyo que le dieron en esos momentos tan difíciles.

Y yo, en esa pequeña capilla que representa tantas cosas en mi vida, les dije a todos:

Hoy es un día muy especial para mí. Hoy agradezco esta oportunidad de vida que Dios me da. El 24 de mayo, nuestra vida dio un vuelco de 180 grados, que jamás imaginamos. ¿Cuántas veces escuchamos que la vida cambia de un momento a otro? Pero creo que el ser humano no tiene esa capacidad de procesarlo.

Los peores meses de mi vida, recién acaban de pasar, después de angustiosos estudios donde la INCERTIDUMBRE es la peor etapa. Donde no sabes tus posibilidades de vida, ni todo lo que vas a pasar. Son esperas largas, angustiosas, entre hospitales y doctores. Después vendría una cirugía mayor de 10 horas, luego, sobreponerme a ella para seguir con quimios. ¿Cómo se puede pasar esto sin dejarte caer en la depresión o en la victimización? Solo encontré dos respuestas claras que puedo compartir contigo: LA FE Y EL AMOR.

La FE en la que nos aferramos con el corazón, teniendo como maestras a mis hijas y a un ejército de personas, amigos, familiares, así como personas que no conozco. Todos orando por mí. Es increíble cómo todas esas oraciones se volvieron una sola voz, una voz muy fuerte, que venía de diferentes lugares. Creo que a Dios no le quedó más que darme la salud para que ya no le dieran tanta lata.

Gracias a cada uno por esas oraciones y pensamientos positivos. Fueron el aliento en la distancia. Fueron los que hicieron que en mi camino aparecieran ángeles en forma de personas extraordinarias, que me apoyaron en todo el proceso, como si hubieran sido amigas de toda la vida; que aparecieran enfermeras, doctores, que me atendieron con tanto cariño. Estoy segura de que Dios las puso ahí para darme todo lo que necesité de mis amigos y familiares, que oraban a distancia por mí.

En el proceso sucedieron cosas increíbles, manifestaciones de amor hermosas, palabras que venían desde el fondo del corazón, de las personas que me aman. Durante toda mi vida, nunca había leído y escuchado tantos "te amo". Creo que, cuando sucede algo así, somos capaces de expresarnos desde el alma.

Antes de enfermar, en ocasiones, imaginaba cómo sería mi propio funeral, ahí sabría la evaluación final de mis actos y qué tan amada era. Ahora, creo que no me tuve que morir para saber todo el amor que hay en mi vida, amor que fue el motor para luchar. El amor de mis hijas que, con una fortaleza espiritual impresionante, me ha mantenido de pie. El amor de mi esposo, que estuvo conmigo de día y noche, cuidando de mí, con tanta ternura y paciencia. El acompañamiento amoroso de mi padre. El amor incondicional de mi hermana, que me sostuvo en todo momento. Mis hermanos, que como dos soldados me hicieron sentir que estaba protegida.

Toda mi familia unida y alentándome con hermosos mensajes y acciones de solidaridad. Sobrinos haciéndome canciones, haciendo sacrificios hasta que yo me curara. Amigas orando todos los días. Durante los seis meses, nunca imaginé qué tan importante era en muchas de las vidas de los míos.

Creo que esta enfermedad, en el recuento de los daños, me trajo mucho dolor y muchos miedos, pero sin duda, me llenó de amor. Me dio la oportunidad de saber qué tan importante soy en la vida de los demás. Me llenó de conciencia, de ver con otros ojos todo lo que me rodea.

Ahora, los días son más brillantes. La música suena más hermosa. Un atardecer se ha vuelto un espectáculo. Ahora comprendo tantas cosas. *Dios quiso regalarme conciencia expandida, capaz de apreciar con más intensidad todo, desde el canto de un pájaro, hasta las flores que están en mi jardín y que quizá antes ignoraba. Me ha regalado la oportunidad de valorar y disfrutar todo el amor con el que estoy rodeada. Me ha regalado la presencia de ustedes aquí.*

Gracias a cada uno, gracias a mis tíos, tías, sobrino, sobrina, amiga, amigo, a mi equipo de trabajo, que se hicieron cargo de todo con amor y lealtad invaluable.

Una amiga, con un desarrollo espiritual muy grande, cuando se enteró de mi enfermedad, me dijo que Dios me había elegido, que muchas cosas iban a cambiar conmigo y con las personas a mi alrededor, que muchos iban a regresar a orar, que otras personas que quiero, iban a hacer ajustes positivos en sus vidas y que, a mí, me iba a pulir.

Al inicio me pareció injusto, pero ahora que veo que así fue y que todo ha sido para bien, puedo decir con plena seguridad, que ha valido la pena y que, con firmeza, puedo decir y contestar "¿Y por qué no a mí?", si yo soy una hija más de Dios, y como mi padre, confío en él.

Tengo tanto que agradecer, son innumerables las muestras de amor que no las puedo decir todas. Creo que Dios me ha dado tanto. Me llenó de amor con tantas acciones. Me ayudó a fortalecer mi fe y me ha dado un juego de pinceles para ponerle los colores más hermosos a mi vida. Como dice el libro de Ivonne, de nombre Soldado del camino: *"TODOS y cada UNO; fueron mi aliciente y mi fortaleza, y vamos por más".*

¡LOS AMO!

En general, les agradecí a todos. Les dije que fueron tantas las oraciones y pedirle a Dios que me diera la salud, que Dios diría que ya lo teníamos fastidiado y ahí va a sanarme. Por todas las religiones llegaron las oraciones. Las personas hacían cola para abrazarme. Yo no sabía ni qué hacer. Fue hermoso, fue increíble esa Misa de agradecimiento.

Cuando me recuperé de todo el proceso, me invitaron a una escuela para hablar con niñas de quince años de edad. Sarita me acompañó, pues ella hizo la presentación que proyectamos en la pantalla. Después de la charla, en el momento de las preguntas, mientras Sarita apoyaba con el equipo de sonido, una niña quería saber qué había necesitado Sarita, como mi hija, para enfrentar la situación.

Sara se paró y comenzó a hablar. Me quedé sorprendida. Ella tenía trece años cuando vivimos este proceso. Cuando yo viví el proceso de mi mamá tenía casi cuarenta años y fue un golpe emocional grande, no sabía cómo manejarlo. ¡Imagínate, en la adolescencia! La escuché y supe que, durante el proceso, cuando empezó a coser y a crear ropa, no quería entrar a mi habitación porque le dolía mucho verme tirada en la cama. De hecho, ella traía un poco de remordimiento en ese sentido y tuvo la oportunidad de sacarlo ahí.

Yo creo que ella lo hizo excelente. Manejó bien las circunstancias a esa edad. Le dije que no tenía que sentirse culpable y que entendía que eran maneras de protegerse, que no significa que no me hubiera amado ni que me hubiera dado la espalda, cuando lo que más necesitaba era su compañía. Yo sabía que estaba ahí conmigo y entendía perfectamente su miedo.

Pasado un tiempo, me hablaron de la escuela para comentarme que hubo una campaña para cortarse el pelo, justo en la edad en que las adolescentes iban a celebrar sus quince años. Se cortaron el pelo y reunieron como trescientas colas de pelo para donar y hacer pelucas para las niñas con cáncer.

Esta enfermedad ha traído muchas cosas, no solo a mi vida, sino también a otras, como esto del cabello. Niñas que, en esa edad, su pelo es sagrado, su apariencia es importante; ¡y lo hicieron! Se lo cortaron porque estaban inspiradas.

En otra ocasión, una amiga me invitó a hablar en el hospital de oncología de Villahermosa. Había más expositores, pero cuando me tocó hablar a mí, todo mundo estaba atento. El evento era como una posada/convivencia, donde los invitados, medio escuchaban y medio no lo hacían, por el ambiente que había. La psicóloga me dijo que la mayoría pusieron atención y se hizo un silencio cuando me vieron pelona. Les empecé a decir que yo también tenía miedo y comencé a crear empatía con ellos. Se quedó en silencio el lugar y todo el mundo estaba como hipnotizado, escuchando lo que les decía. Al terminar, la psicóloga me dijo:

—Quiero que sepas que mucha gente que está aquí, me ha dado problemas porque tiran la toalla. No quieren seguir, se dan por vencidos. Lo que acabas de hacer, motivó a muchas personas para continuar en la lucha y no darse por vencidos.

¡Fue una hermosa experiencia! Me pegó un poco en la emotividad, pues acababa de pasar la enfermedad y no quería ir a hospitales, pero al saber eso, supe que había valido la pena.

Hay muchas cosas que no me imaginé que pudieran pasar. Si no me hubiera enfermado, una de las personas que ese día me escuchó, no se hubiera operado, habría tirado la toalla. Ese día, después de escucharme, me dijo que iba a programar su operación.

Para cerrar este capítulo, quiero decirte que agradezco, de todo corazón, los cuidados de mi esposo Beto. Él fue quien me enseñó la paciencia, me cuidaba, me bañaba y me daba de comer. ¡Lo hizo con tanta paciencia! Había días en que yo solo podía abrir mis ojos y lo veía sentado, al lado de mi cama, observándome con su mirada llena de amor. Muchas veces lo escuché quebrarse sin que él se diera cuenta, lloraba como niño y sus ojos estaban llenos de un temor que nunca había visto en él, pero nunca me soltó.

14
¡SIMPLES HÁBITOS QUE DAN VIDA!

Los resultados no son suerte, están basados
en el esfuerzo y la preparación personal.

Mi enfermedad fue hormonal y de estrógenos, esto tiene que ver, en mayor medida, con la alimentación, que es la clave básica para evitar las enfermedades. No solo el cáncer, sino muchas otras.

Regresé a lo natural, como lo hacían los abuelos. Regresé al mercado, a lo orgánico, a las verduras, el pescado y a bajarle al consumo de carne roja. Ahora comemos carne roja solo una vez a la semana, pues comprendí que está llena de toxinas y es muy complicado sacarlas del cuerpo. Comemos mucho pescado, pollo, verduras y jugo.

En las mañanas, me tomo mi jugo mágico verde, donde utilizo todo lo verde que puedo encontrar como: brócoli, espinacas, apio, raíz de jengibre, pepino, nopal, limón, etc. Esto lo estoy heredando a mis hijas, que tengan este tipo de alimentación, pues fue algo que me quedó muy claro, desaprender y volver a aprender cómo comer de una manera muy diferente a la que veníamos haciéndolo. Se puede cambiar la alimentación. Tanto Beto como yo, hemos estado leyendo mucho al respecto y buscando información.

Algo que ya hago, a raíz de mi proceso de sanación, es que todo lo que me echo a la boca, lo investigo para saber qué tiene, qué químicos, qué nutrientes. Cuando voy al súper leo las etiquetas. Algunas de ellas son engañosas y hay que aprender a leerlas.

En los países de primer mundo están regresando a lo orgánico y allá es muy caro. Aquí en México sigue siendo la opción más barata en los mercados.

Necesitamos leer más sobre aquello que nos metemos a la boca. Debemos ser creativos con las variedades de frutas y verduras que encontramos en el mercado, incluso hay muchos tutoriales y programas de alimentos en internet.

En este momento estoy en un reto con unas amigas. Por mensaje, ponemos nuestras recetas saludables, escribimos: *Porque yo me amo…* y luego ponemos la receta. Y las recetas que ya tenemos, las convertimos en saludables, les quitamos los ingredientes que no nos hacen bien.

Te recomiendo seguir en redes sociales a coaches de alimentación saludable, te llevarás una gran sorpresa al ver tantas nuevas recetas deliciosas, incluyendo postres muy ricos y con ingredientes buenos para tu salud.

El ayuno es una extraordinaria y milenaria práctica que incluso se nombra en la Biblia, pero que es desconocido en nuestra cultura como herramienta para mejorar nuestra salud. Si te dijera que pasé diez días sin alimentos y solo tomando agua con limón, ¿qué pensarías? De seguro creerías que es imposible, ¿verdad? Lo mismo dije yo. Fui casi obligada —dada la insistencia de mi hermana, quien me llevó en medio de la selva yucateca en unos bonitos *bungalows*— a ayunar; no solo de comida, sino del reloj, la tecnología y hasta del desodorante. Hoy te puedo decir que ha sido el mejor regalo para mi salud física, mental y emocional, fue un détox a otro nivel. ¡Vaya experiencia que pasé! Allí descubrí que mis principales filtros son el hígado, el sistema digestivo, el sistema linfático, los riñones y los pulmones. Los cuales, después de estos diez días, quedaron limpios y purificados para seguir viviendo al cien.

Es impresionante cómo puedes ayudar a tu cuerpo de forma natural, sin medicinas, sin químicos y practicando el ayuno. Te voy a contar mi experiencia, pero por favor investiga por tu cuenta y consulta con un médico funcional para que te aconseje según tus necesidades.

Actualmente estoy poniendo en práctica el ayuno intermitente, dejando de ingerir alimentos por un espacio de doce, catorce o dieciséis horas. Un ejemplo de ello sería el estilo que suele utilizarse en Estados Unidos: comer alrededor de las 6 p. m. y volver a comer a las 6 u 8 a.m., sencillo, ¿verdad? Sobre todo si piensas que, en este tiempo, le das la oportunidad a tus órganos de descansar un poco de tanta comida; reparas el páncreas, que deja de trabajar de manera tan forzada. Con estos ayunos apagas las enfermedades que pudieran estar en proceso. Una maravilla de esto es que puedes entrar en cetosis, donde el cuerpo se nutre de las grasas que acumulamos por años. Esto se debe a que el organismo necesita obtener energía, al comer menos, y tienes la oportunidad de sacar esas grasas jalándolas y convirtiéndolas en energía. También se llega a la autofagia, que es el proceso donde las células buscan descomponer a otras células dañadas o anormales. De esta manera, se jalan los desechos, se desintoxican y se logra una regeneración. También ayuda a la resistencia de insulina y sobre todo evitamos que el cuerpo esté en constante trabajo de digestión, dándole un reparador descanso.

Con esta impresionante forma de vida –implementando el ayuno, *"fasting"* o dieta intermitente– evitamos tantas enfermedades y reducimos la inflamación de las células. Personalmente, te recomiendo que puedas asesorarte con un especialista en el tema para que aprendas más, vivas sano y logres tu peso adecuado.

Quita de tu vocabulario la frase: *Estoy a dieta.* Primero, porque está mal dicho. Dieta es todo lo que consumes. Segundo, porque psicológicamente interpretas que tendrás carencias de cosas ricas y estarás limitada. ¡No es así! Ten en cuenta que no se trata de ponerse a dieta sino de llevar una alimentación sana; y que, si un día no lograste ese objetivo no significa que al día siguiente tengas que empezar de nuevo. Hay cientos de platillos buenísimos. Acuérdate que esto también es cuestión de desaprender y aprender. Hoy en día puedes descubrir una nueva forma de comer saludable y tan deliciosa como estás acostumbrada.

Si me preguntas por las tres cosas extraordinarias para mejorar la salud, mi respuesta es simple: comer sano, ejercicio y meditación; con esto basta para estar sano y feliz.

Cuando iba con mi mamá al súper, llenábamos dos carritos de compras. Fue necesario desaprender esa costumbre. Ahora solo traemos lo básico y evitamos desperdiciar alimentos. Cuidamos mucho lo que aventamos al carrito. Lo que ponemos ahí terminamos comiéndolo. Evito traer cosas que no nos hacen bien.

Ahora necesito heredarles a mis hijas una alimentación sana. Ellas estaban repitiendo los patrones que yo había aprendido por mi madre; quien, por ejemplo, no tomaba agua, solo refresco dietético de cola. Esa acción es por desinformación y mucha ignorancia sobre las enfermedades que llegan por la mala alimentación.

Hace unos meses, estuve unos días en una clínica de alimentación en España. Aprendí a comer con muchos ingredientes orientales. Nos recomendaban tomar sopa miso en la mañana, todos los días. Esta sopa fue creada por los ancestros japoneses para purificar el cuerpo y sacar toxinas. Ayuda a la energía y a tener el cuerpo sano. Saca todos los tóxicos que metemos en el cuerpo o que respiramos.

Cuando estuve enferma me dijeron que comiera sopa miso, pero no lo hice. Incluso, me platicaron que, en Japón, la usaban para quitar la radiación de las bombas atómicas que explotaron en Hiroshima y Nagasaki.

Ahora hago sopa miso para toda la semana y, en las mañanas, es lo primero que tomamos, así como también los tés, como el verde, el té para purificar, etc. En México hay muchas variedades de tés, hay para todo. Al final, estamos volviendo a la alimentación de los abuelos, así se alimentaban y curaban ellos.

Durante las quimios, desarrollé el gusto por el té de matcha, que es un té verde molido. Quería tomarlo todo el día. Tu cuerpo es sabio y necesitas escucharlo. Cuando te pide algo es porque lo está necesitando. He leído acerca de este té y ayuda a desintoxicar, dar energía, es un superalimento.

Cuando tengo oportunidad de viajar, no me privo de nada. ¡Como rico! No me sacrifico, puesto que la comida es algo que yo disfruto mucho. Y cuando estoy de vuelta en casa, regreso a mis buenos hábitos alimenticios.

La nutrióloga con la que estuve en España, me contó acerca de la leche de vaca y los quesos. Me dijo que la leche es para las crías de la vaca, los becerros. Estamos comiendo cosas que no son para nosotros. Ahora elaboro la leche de almendra para sustituir la de vaca. Poco a poco, me he enamorado de nuevos alimentos y los he implementado en la alimentación diaria de mi familia.

Otra cosa que he implementado, desde el primer día, cuando me enfermé; es el ejercicio. Sí hacía actividad física, pero no era constante, ahora tengo algunos efectos colaterales por la situación hormonal que me provocó la menopausia, por ese desajuste hormonal y de estrógenos. Así que hago deporte todos los días y duermo mucho mejor. Además, echo mano de las meditaciones de Agustín Bravo, de las cuales, te dejaré el código QR al final del capítulo. Hago actividad física todos los días o yoga. Me gusta ir al gimnasio; de hecho, es un bonito regalo para nosotros, como familia, estar ejercitándonos juntos en un gimnasio. Otra cosa que me gusta mucho y que (a mis más de 50 años) he descubierto es que tengo una gran pasión por andar en bicicleta. Recuerda que nunca es tarde para experimentar o buscar las cosas que nos apasionan, así que toma iniciativa y encuentra tu actividad favorita.

Descanso cuando tengo que descansar. Respeto mucho lo que siento, por ejemplo, si tengo un compromiso pero tengo ganas de descansar, descanso. Cambio lo que sea. Yo soy mi prioridad. Aprendí a decir NO cuando no quiero hacer algo y dejé de decir SÍ, cuando lo hacía solo por complacer a los demás.

El ejercicio provoca que genere la serotonina necesaria para mi cuerpo. Todos necesitamos hacer deporte, pero las personas que vivimos una enfermedad así, es una obligación tener actividad física, pues ayuda a estar bien física y mentalmente.

Hoy por hoy, me rodeo de gente divertida, de amistades, de personas que me hacen reír, esas personas que me contagian buena vibra. Evito el drama y a las personas con problemas. No significa que no ayude o no quiera apoyar, pues lo sigo haciendo, pero ya puse límites. No permito que me dejen toda la basura emocional y se vayan. Mantengo mi mente sana y tranquila lo más que puedo.

Algunas personas se quejan a diario y parece que entran a una competencia para saber quién tiene la tragedia más grande. ¿Por qué las personas tienen la pésima costumbre de vivir en la desgracia? Esa adrenalina adictiva hace que, incluso en pláticas de café, la gente compita para encontrar la tragedia más horrible.

Estamos inmersos en eso y es momento de parar y preguntarte: *¿En realidad me gusta escuchar esto? ¿Me está generando sentimientos buenos y agradables?* Y saber hacer conciencia, parar y retomar una buena conversación, llena de maravillosos mensajes positivos, para el que te está escuchando y para ti. Ese es el tipo de personas que necesitas junto a ti.

Estos son algunos de los mejores hábitos que ahora tengo y te invito a que los adoptes para ti. No importa si tienes la enfermedad o no, si ya la superaste o no, lo importante es que necesitas cuidar tu cuerpo y mente.

Es momento de ponerte a ti como prioridad para mejorar tu salud.

A continuación te comparto el código QR, o también puedes entrar a la página http:// elregaloquenopedi.com/, en el que podrás encontrar una meditación para tu salud.

15
¿CÓMO LO VIVIÓ MI FAMILIA?

La unión familiar es determinante.

Alberto Lope

SARA

María y mi papá fueron los que tomaron la batuta. Yo tenía trece años cuando comenzó y cumplí catorce años en todo el proceso; y no sabía qué hacer. En ese momento me evadía todo el tiempo, era una forma de protegerme a mí misma. Tenía mucho miedo.

Ya que acabó todo, me di cuenta de que mi mamá me necesitaba y yo, no había estado ahí lo suficiente para ella. Me sentí un poco frustrada. Pero durante su proceso yo estaba aterrada, y ese miedo no me dejaba expresarme. No iba a verla. Aunque mi mamá dice que sintió mi apoyo, me arrepiento de no apoyarla más, de no hacer más cosas por ella. Estaba paralizada por el miedo.

Yo escuchaba que mis tíos y mi hermana le ayudaban a estar más fuerte. Mi mamá, de pronto, se frustraba y decía que yo no la quería. Así que, pienso que es necesario expresar el amor que les tenemos con palabras y acciones. En su proceso de enfermedad, ella estaba más sensible, se ponía más "chípil" y había que chiquearla más. A mí me dolía hacerlo viéndola así, entonces prefería evadirla, pensando que ya habría de pasar.

Había momentos donde yo tenía más miedo de que no se compusiera, sobre todo cuando la veía más débil. Me daba mucho miedo. Nunca fue al grado de pensar que no lo lograría, porque veía a mi hermana muy tranquila, eso me ayudaba, me daba fe.

Cuando fue su última quimio, le hice una celebración con globos, le llevé el desayuno, eso la hizo muy feliz.

Esta vivencia nos unió mucho como familia, aunque, en el proceso, hubo momentos donde nos peleamos; era la frustración. Al final, todo se arreglaba:

Eso nos hizo estar más juntos, nos hizo crecer espiritualmente y aceptarnos unos a otros. Nos amamos y todo se arregló para bien.

Si me dejas darte un consejo, abraza, besa y dile cuánto quieres a la persona. En ocasiones, pensamos que ella lo sabe, pero siempre es necesario expresarlo y más en momentos difíciles, donde tanto lo necesitan.

MARÍA JOSÉ

A mí me dolía mucho verla sufrir y ver lo que pasaba. Algo en mí siempre supo que todo iba a estar bien, quizá fue mi fe o quizá no lo estaba viendo con la madurez necesaria, pues tenía diecisiete años. Siempre estuve muy tranquila. Siempre estuve muy confiada en que todo saldría bien, incluso desde que estábamos en la incertidumbre.

Todo el tiempo he sido una persona con mucha fe en Dios, y en ese momento, regresaba de un año de intercambio en una escuela católica. Hablé con la guía espiritual, con mis amigas, que tienen una espiritualidad muy grande y todas me tranquilizaban. Me decían que estaría bien. Yo sabía que mucha gente estaba orando por mi mamá y pensaba: ¡*Todo va a estar bien! No pasará nada.*

Era difícil lo que estábamos viviendo, pero al mismo tiempo, yo estaba confiada en que esto venía para algo mejor, que venía a enseñarnos algo. Esa era la parte difícil, saber por qué tanto sufrimiento y para qué vino ese sufrimiento. Aunque siempre, mi fuerza, salió de Dios.

Me costó muchísimo trabajo cuando tuvimos que irnos a vivir a Los Ángeles. Yo estaba en mi último año de preparatoria y antes de que pasara esto, nos habíamos ido a vivir a Cancún. Me dolía no estar con mis amigos en esos últimos días de prepa. Eso me costó mucho trabajo.

Ya luego, cuando estábamos en Los Ángeles, a cada rato nos iban a visitar familiares. Los hermanos de mi mamá que, al estar con ella, yo veía que le daban mucha fuerza. Una vez que pasó mi graduación, la verdad es que ya no me costó trabajo, ya supe que era la mejor decisión acompañar a mi mamá.

Hubo una ocasión en que yo sentía que todos estábamos hartos. Pensaba que mi mamá se sentía con culpa. Mi papá igual, ya estaba muy tenso. Mi papá tampoco es muy fan de Los Ángeles y al igual que nosotros, ya estaba cansado.

Para ese entonces, mis compañeros estaban en la universidad. Veía que la pasaban muy divertido. Yo lo único que podía hacer era estar en casa. En ocasiones iba al gimnasio o al súper y regresaba, solo eso.

Todos estábamos cansados de la situación y de hacer lo mismo a diario. Extrañábamos también estar en México. Yo no podía salir y con las únicas con que podía hablar era con mi hermana y mi tía, con nadie más.

En una ocasión fuimos al hospital, a una terapia con la psicóloga. Todos terminamos gritándonos. La psicóloga solo hablaba inglés y, aunque al inicio nosotros intentábamos hablar en inglés, al final, la terapeuta toda sorprendida no entendía nada porque terminamos gritando y diciendo cosas en español. Había un traductor en una pantalla al que volvimos loco.

Sí nos ayudó esa terapia. ¡Sacamos todo! Nos dimos cuenta de que nadie estaba diciendo lo que en realidad sentía. Pensábamos que le pondríamos una carga al otro y sobre todo a mi mamá. No queríamos eso. Nos ayudó mucho, nos aligeró la situación.

Una de las cosas que aprendí de esa terapia fue que no hay que guardarnos las cosas. En ocasiones, creemos que no decirlo y guardarlo ayuda más, pero es al contrario.

Si alguno de tus padres está pasando por una situación complicada o una enfermedad así, me gustaría decirte que la fe en Dios fue lo que a mí me ayudó. Sé que los adolescentes no creen en eso, no les llama la atención, sin embargo, creo que eso fue lo que a mí más me ayudó a salir adelante. ¡Tenía mucha fe!

Una recomendación sobre lo que puedes hacer tú con el paciente, es distraerlo. Si mi mamá quería salir para ver a sus amigas, había que acompañarla. Hay que escucharlos, estar con ellos en sus quimios; y aunque en ocasiones, por el mismo dolor, no queremos verlos sufrir y nos alejamos un poco, yo creo que es todo lo contrario, es lo que más necesitan, el apapacho, que estemos ahí con ellos, buscando formas de distraerlos, salir a caminar, ver películas y estar acompañándolos todo el tiempo.

Pensar en la persona como lo que es, no en la enfermedad, sino acordarte de quiénes son ellos. En mi caso, era mi mamá y en ese momento estaba enferma, pero su enfermedad no es ella. Estaba vulnerable, estaba pasándola mal, y en nosotros estaba hacerle pasar un momento más alivianado.

Recordar que ella no es la enfermedad, que ella sigue siendo esa persona que tú quieres y amas, y cuando no estás con esa persona, puedes desahogarte con más gente y sacar lo que sientes. Con el enfermo, la fuerza que hay que sacar, es el amor que le tienes.

BETO

Definitivamente, mi temor más grande era la pérdida de Miriam. En mi panorama, sí estaba presente que podía perderla. Su muerte era mi temor, que mis hijas se quedaran sin madre a esa edad. Creo que esos eran mis dos temores más fuertes. La vida propia de Miriam y que mis hijas quedaran huérfanas.

El amor que le tengo a Miriam me hacía vulnerable, pero el miedo siempre estuvo muy presente, sobre todo al principio, cuando recibimos la noticia. Aunque fue un diagnóstico detectado a tiempo y nos movimos muy rápido, siempre estaba esa posibilidad de que esto se saliera de control y perder a Miriam.

¡Mis hijas me hicieron fuerte! En ese sentido, su edad, verlas en la etapa aún vulnerable de formación dando el amor hacia su mamá. Ahí saqué fortaleza espiritual, todo pasó a segundo plano, la prioridad era atender su enfermedad y enfocarnos al 100 % en ello.

El amor, la fuerza para seguir.

La unión familiar fue determinante. Nos movimos muy rápido. Nunca entramos en polémica al decidir. La decisión que se tomara siempre iba a ser en función de estar juntos como familia. Creo que ahí radicó la fortaleza; por consiguiente, nos mudamos a Los Ángeles, después de ver varios doctores y diagnósticos aquí en México.

Empezamos en Cancún, luego en Ciudad de México con doctores muy buenos. Sin embargo, en cosa de una semana o diez días, ya estábamos en Los Ángeles, con una tercera opinión, y ahí nos quedamos. Primero llegamos Miriam y yo, y a la semana mis hijas ya estaban con nosotros. Allá permanecimos hasta que se le dio de alta a Miriam. Ahí estuvo la fortaleza.

No estábamos distraídos pensando en el bienestar de mis hijas o alguna preocupación de que ellas estuviesen alejadas de nosotros, al contrario, como estábamos juntos, nos alimentábamos con ese ánimo; creo que esa fue la parte fundamental.

Mis hijas pudieron continuar con sus estudios vía *online*. Nos apoyaron mucho y quedamos muy agradecidos con el colegio. Las dos estaban en la misma escuela, María José cursando su último semestre de preparatoria y Sara, su primer año de secundaria. Hablamos con el director, que es un sacerdote, y nos dio todas las facilidades para que las niñas continuaran sus estudios desde Los Ángeles, presentando tareas, trabajos y exámenes.

Terminaron su semestre y nosotros hicimos vida de familia allá, en Los Ángeles, mientras pasaban las cirugías y tratamiento de Miriam. Todo lo vivimos juntos, haciendo un rol de familia, cuidando de Miriam. Nos repartíamos todo el quehacer de la casa.

A Miriam se le hacían alimentos propios para ayudar en su recuperación, sobre todo, después de las quimios, que la debilitaban tanto. Siempre estuvimos ahí, con ella.

Nunca estuvo en consideración la parte del trabajo y negocios, nunca estuvo en duda. La decisión era estar juntos y, de todas las opiniones médicas, estábamos más a gusto y más convencidos con la opinión del doctor en Los Ángeles, por eso nos movimos hacia allá. Nunca se ponderó la parte de los negocios, era solo redoblar un poco el esfuerzo y estar pendientes a la distancia; hacer las rutinas muy temprano, hacer contacto con los diferentes encargados de cada negocio.

Con el pasar de los meses, sí llegó a haber una desestabilidad en el engranaje de los negocios, pero nada que lamentar. La verdad es que al final, salimos fortalecidos como personas y como familia; la parte material fue algo secundario.

En este momento que el mundo está viviendo la pandemia del coronavirus, todo lo que estamos viviendo económicamente nos está afectando de manera seria, pero la vida cambia después de vivir la experiencia de la enfermedad, esto que estamos experimentando ahora, no es tan fuerte. Sabemos que saldremos adelante, hablando de los negocios.

Uno de los aprendizajes más grandes fue que lo mejor es PRIORIZAR y poner en primer plano siempre la salud y la armonía familiar. Creo que lo material lo podremos resolver cada vez.

En este tema, lo mejor es dar el apoyo incondicional a la pareja o a cualquier miembro de la familia que esté en una circunstancia como la que atravesó Miriam.

Las oportunidades de negocio, de trabajo, siempre estarán presentes. Nunca sabemos qué es lo que nos depara la vida, qué oportunidades van a venir a la vuelta de la esquina, pero la salud no. Estar bien es donde tenemos que priorizar sobre todo lo demás.

Dar el apoyo, la compañía, la fortaleza moral, no nada más a la persona enferma, sino a todos los que están alrededor de ella; en este caso, mis hijas. Esto fue algo muy recíproco, esto va en dos vías. Había momentos en que yo me "apachurraba", por lo largo de la enfermedad, por el alejamiento también, lo cansado del tratamiento, todo lo que implicaba cuidar de la persona enferma, cuidados de higiene, su manipulación, etc.

El enfermo queda muy vulnerable con las quimios, sus defensas bajan, y se debe prestar mucha atención en la higiene de la casa. Así que, cambian ciertos hábitos y sí es cansado implementarlos, sobre todo al principio. Es ahí cuando entran todos los miembros de la familia. De pronto me sentía triste, cabizbajo, y entraban mis hijas a darme ese empujón que necesitaba, o al revés.

María José, que estaba viviendo su último año de preparatoria, tenía toda la intención de terminar su último semestre con sus compañeros, pero ella priorizó también; primero era estar al lado de su mamá, lo hizo de corazón y eso se agradece, eso fue una enseñanza para todos. Sarita, la más pequeña, igual, muy pendiente de su mamá y conmigo también, apoyándonos.

El mayor aprendizaje, ¡*Valorar la vida! Valorar el estar aquí.* Yo creo que eso es lo más importante, valorar la salud, no dejarnos agobiar por esos problemas cotidianos de trabajo, de dinero, de noticias.

Después de esa experiencia, salimos muy agradecidos con Dios, muy agradecidos con la vida. En primera, por la experiencia propia de despertar y descubrir que esta vida no es nada más que un cúmulo de riqueza, de trabajo; sino de ver la vida desde todos los ángulos, todos los matices; disfrutar un amanecer, disfrutar la compañía de tu esposa, disfrutar un café con ella, la sonrisa de tus hijas, la compañía de tus amigos; esa solidaridad de los amigos que estaban pendientes de lo que se ofreciera, pendientes de la familia.

Recuerdo que agradecía mucho las llamadas. Muchas amigas de Miriam me contactaban. Conseguían mi teléfono porque no querían molestar a Miriam o estarla agobiando. En ocasiones caían los niveles de energía de mi esposa durante el proceso. Eso es de lo más normal, después de una cirugía tan invasiva y luego los tratamientos de quimioterapia. Entonces, esos gestos de buscarme y siempre estar preguntándome por ella, por su salud, los sigo agradeciendo hasta el día de hoy.

Yo sabía que Miriam siempre estaba en sus oraciones. Le pedían a Dios. Hacían cadenas de oración. Se unían todos los amigos y familiares, siempre pidiendo por la familia y por Miriam. Siempre estaban muy pendientes. Yo era el que daba la cara. Yo contestaba el teléfono o mi hija María José. Todos siempre pendientes, en sus oraciones, en sus misas, cuando sabían que venía una quimio. En cuanto pasaba, preguntaban cómo había salido. Siempre estuvieron muy pendientes. Eso se agradecía mucho.

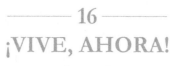

*Todas podemos lograrlo, convierte
tus miedos y coraje en valentía.*

Hoy comprendo que la enfermedad fue un regalo de Dios y que, todo el dolor y sufrimiento que viví, solo fueron demostraciones de inmenso amor para que yo acelerara mis aprendizajes.

La enfermedad dejó en mí a otra persona. Me reinventó y abrió mis sentidos al mil por ciento. Me permitió valorar todo. Me permitió darme cuenta de que el aire en mi rostro es una caricia que disfruto mucho y me recuerda que estoy viva.

En las mañanas tengo una sinfonía de pájaros. Es grandioso escucharlos porque parece que estoy en un concierto.

Disfruto mucho el mar, su brisa; cuando estoy en él y veo los paisajes, los atardeceres increíbles, que son un espectáculo para mis ojos; ¡me hacen vibrar!

Soy mucho de tocar y de sentir. Soy muy abrazadora. Siento la temperatura de la persona cuando la abrazo. Siento su corazón. A mis hijas, quisiera tenerlas todo el tiempo en mis brazos. Me llenan de energía y creo que es una buena oportunidad para disfrutar, para sentir todos los momentos mágicos que suceden en un día y que no se escapen de nuestras manos por estar distraídos en tantas cosas.

En estos tiempos, hay mucha distracción, mil veces más de las que teníamos nosotros cuando éramos jóvenes. No necesitamos angustiarnos por cosas que no merecen esa energía. De repente, sigo escuchando a la gente que se angustia por cosas muy tontas y desperdician las oportunidades que da el día.

En las mañanas yo me levanto y respiro con conciencia. Tengo espejos y me gusta verme. He aprendido también a pararme enfrente y agradecer, agradecerme y hablarme. Me digo:

—Miriam, gracias por aguantar, gracias por todo lo que haces por ti misma. Gracias a mi cuerpo por mantenerme bien, a mis piernas por llevarme a tantos lugares maravillosos, a mis ojos por dejarme ver y a mi nariz por oler tantos aromas.

Todo el día estoy agradeciendo, desde lo más pequeño hasta lo más grande que pueda sucederme. También agradezco los retos. Cuando logro resolver algo, me siento con fortaleza, descubro cómo es la capacidad del ser humano de volverse más fuerte o más sensible ante ciertas experiencias.

Por muy grandes que sean mis problemas, mis deseos de vivir y disfrutar son más grandes.

Agradezco mucho la presencia de la gente que amo. A cada oportunidad les digo *¡Te amo!* a mi pareja, a mi hermana, a mi papá, a mis hermanos, a mis hijas, a mis amigas.

Ya no doy por hecho que estaremos siempre juntos, eso también lo aprendí porque lo que me pasó fue un golpe muy fuerte. La muerte es parte del proceso de la vida y mientras llega, procuro decir todos los *te amo* que pueda a mis seres queridos. Sentir la calidez de abrazos, llamarle a la persona que extraño, pedir perdón.

Yo trabajaba demasiado. Tuve un papá responsable que cuidaba mucho el sentido de responsabilidad en el trabajo, de dar y de trabajar duro. Él, durante sus treinta años de servicio, nunca llegó tarde ni faltó, lo que le hizo ganar una medalla en reconocimiento a su entrega como médico.

Ahora que he hecho un replanteamiento o una lista de prioridades, creo que el trabajo sigue siendo algo importante, pero ya no en la dimensión que le daba antes, en ese sentido, desaprendí. Si hay un partido de básquet con Sara y yo tengo una junta, pospongo la junta. Antes no hacía eso, sentía que, si lo hacía, se me caería el negocio. Me pregunto, *¿qué es lo peor que puede pasar?* Luego, me doy cuenta de que no pasa nada. Les recomiendo hacerse esa pregunta fantástica antes de tomar una decisión. Se van a dar cuenta de que la mayoría de las veces, no pasa nada. Mi tiempo se ha vuelto muy valioso, es lo más valioso que tengo y no puedo perderlo.

Con el regalo de mi enfermedad, he vuelto a aprender como cuando era niña y estaba comenzando a caminar. Así fue para mí. Fue desaprender tantas cosas que traía en la cabeza y ahora, me entusiasma ver que hay otras posibilidades. Me apasiono por la vida, soy intensa; no tengo días malos, hay momentos difíciles, pero no duran todo el día. En muchas ocasiones, necesitamos un par de horas para resolver los problemas y las demás horas del día, debemos disfrutarlas, cambiar la emoción que nos genera el inconveniente. Debemos disfrutar la mayor parte del día o lo que nos quede de él.

Es irónico que algo tan devastador, como lo fue esta enfermedad, me haya traído regalos. Lo peor que me podría haber sucedido, es que me pasaran cosas dolorosas y no hubiera aprendido nada o no hubiera sabido detectar esos regalos que me dejó la vivencia.

En PNL se llaman "beneficios ecológicos" y toda vivencia fuerte, trae esos beneficios. Lo importante es que te des la oportunidad de recibirlos, para reinventarte y estar lo más consciente posible de cada uno, para aceptarlos como un regalo que te da la vida.

Después de pasar una batalla, como la de sobrevivir al cáncer, quedas agotada del tema de hospitales, de estudios, de horas de incertidumbre y no quisieras volver a saber de ellos; sin embargo, hay una palabra que debes traer en la mente y en el corazón: GRATITUD. A mí, esta palabra me hizo reflexionar de que fui afortunada y que en este momento, hay miles de mujeres librando esa batalla por la que yo atravesé y me siento triunfadora; y no puedo evadir o ignorar que mi historia de vida es valiosa y puede dar esperanza a las demás personas que están luchando.

Y si tú estás pasando por algo así, por una situación de enfermedad; entérate de que es posible, aguanta, saca toda esa fuerza que llevas dentro y plantéasela a la enfermedad; que todo el amor y oraciones que llegan a ti sean fuente de energía, que vivas tu día regalándote momentos de alegría que te diviertan.

Está bien llorar, pero también carcajearse en la enfermedad, que haya más risas para que tu cuerpo débil sienta la alegría de los pequeños momentos que puedes crear con los que están a tu alrededor.

Y cuando aparezcan los miedos, cierra tus ojos y, con una profunda respiración, sustitúyelos en la mente por imágenes y momentos que vas a disfrutar estando con tus hijos, tu pareja, tu familia, tus amigos o con quien tú quieras.

Haz muy grandes esas imágenes, para que puedan iluminar cada célula de tu cuerpo y sanarlas. Al hacer esas imágenes increíbles, métete en ellas como si te metieras en una película, respira profundo y déjalas; guarda ese sentimiento en ti y cada vez que sientas miedo o tristeza, vuelve a crear esas bellas imágenes, una y otra vez, las veces que sean necesarias.

Llena tu alma de fe para continuar cada día. Y cada vez que recibas una noticia que no sea alentadora, saca con mayor fuerza ese coraje, conviértelo a positivo y di para ti misma: *Yo soy más que esto y miren cómo lo voy a lograr.* Tal como lo hizo mi amiga Roberta Liguori, que cuando le dijeron su desalentador pronóstico, ella por dentro pensó: *¿Con que no voy a poder? ¡Solo mírame cómo lo hago!* Y hoy, es una brillante atleta, una *ironman.*

¡Qué nada ni nadie te desaliente! Dios es el único que tiene tu destino en sus manos y él dice: *Ayúdate que yo te ayudaré.* Sé valiente cuando se requiera. Enójate y ponte triste cuando lo necesites. Baila y escucha música para alegrarte el alma. Voltea a tu alrededor y aprecia cada detalle natural que hoy te regala Dios para decirte *¡aquí estoy, no estás sola!* Y agárrate de su mano, como un niño pequeño, con fuerza, aprieta esa mano tan fuerte, que te sientas segura y cada vez que alguien, por ignorancia o por no saber manejar la situación, te vea con lástima o diga algo que te lastime, cierra tus oídos e imagina que pones una voz interna que te dice palabras que te alientan. Tú tienes la capacidad y el control de ignorar lo que te lastima, no te centres en ello. Hay mucha basura de información que las personas toman y se vuelven voceros de ellas. Tienes que estar consciente de que solo es eso, basura, y no estás para recolectarla; así que, solamente ignórala y sigue adelante.

Enfócate, concéntrate en sanar, en hacer lo que tu médico dice, confiando en lo que él diga, todo lo que está haciendo te sanará. No hagas caso a los demás, aunque quieras mucho a la persona o sea de tu confianza, sabes que no es un experto y, en medio de su ignorancia y sus buenas intenciones de ayudar, comete errores, perdónalo y baja su voz en tu mente.

Quiero decirte, de corazón, que sé que para todos, como para mí, es una noticia muy impactante cuando te enfermas, que te hace pensar y reflexionar. Si Dios te eligió, que esto traiga aprendizaje para ti, para tu familia y para todos los que amas.

Esta enfermedad en mí, hizo que muchas personas que estaban alejadas de Dios, se unieran en oración. Eso es parte de lo que trae una situación así, que nos acerquemos a Dios.

Creo firmemente que a nuestros hijos les debemos heredar ese legado de la fe. No podemos evitar los golpes fuertes o que los lastimen, pero en nuestras manos está que sean personas fortalecidas espiritualmente, prepararlos para salir a este mundo y tomar decisiones inteligentes para salir adelante.

Hoy en día, existen tantas oportunidades para fortalecer nuestra persona, ¡hagámoslo! Yo lo he hecho durante años a través de la PNL; también mis hijas y mi esposo. Como familia nos ha ayudado a seguir adelante, a continuar, nos ha preparado. Sé que es la mejor herencia para su crecimiento espiritual y su desarrollo personal.

El mañana no lo tengo seguro; me he dedicado estos últimos años a seguir preparándome. De esta manera, garantizo que ellas, mis hijas, estén preparadas para la historia que les toque vivir, disfrutando plenamente lo bueno y con herramientas para resolver los problemas o momentos difíciles.

Muchas veces, escucho gente lamentándose de lo que les pasa y de que no saben cómo ayudar a sus hijos y les pregunto: *¿Qué han hecho, específicamente tú y tu familia, para aprender herramientas de superación personal? ¿Cómo le dices a un hijo que se cuide y no lo preparas para este mundo?* Es como aventarlos a la guerra sin fusil. Creo firmemente que necesitamos prepararnos, hay cientos de cursos que puedes tomar, presenciales o en línea. Lo más importante, recuerda que, el conocimiento sin acción, no sirve.

Mi enfermedad me hizo reflexionar si estaba valorando la vida y a los que amo. Te comparto que cuando recibí la noticia, el éxito, todo lo material, trabajo y ocupaciones, se borraron instantáneamente de mi cabeza; no existían ni tenían ningún sentido ni importancia. Lo único que quedó en mi mente eran mis hijas y todo lo que me iba a perder de sus vidas, en qué iban a hacer si faltaba yo. En momentos así, sientes que la vida se te escurre, como agua entre las manos. Lo comparto para que no pierdas el enfoque de tu vida y vuelvas a lo esencial, a lo que amas. ¡No pierdas el tiempo!

¿Sabes qué es lo más valioso? Con toda la conciencia de hoy, es más valioso un partido de una de mis hijas, que atender una llamada del trabajo.

De corazón, espero que este aprendizaje lo pueda transmitir como deseo. Abracen, besen todos los días a los que aman. No se preocupen por cosas que no vale la pena. Siempre pregúntate: *¿Qué es lo peor que puede pasar si no hago esto o aquello?* Pronto vas a descubrir que no pasa nada. Deja de molestarte con los que amas, por cosas que al final son tonterías.

Agradezco infinitamente a toda mi familia, a todas aquellas personas que me dieron aliento y que me llenaron de oraciones y de amor, para que mi cuerpo quedara limpio. Ninguno de nosotros es eterno, no nos llevamos nada cuando nos vamos, las manos se van vacías. Vive plenamente, sabiendo que cada cosa material se quedará aquí, solo se quedarán en tu corazón los momentos vividos.

Durante muchos años viví con los sueños que en algún momento me creí, de lo que significaba la vida; tener éxito basado en el dinero, en los apegos, en aspirar a más cada día, porque alguien me hizo creer que eso era la felicidad. Descubrí que eran creencias de los demás. Al final, la felicidad es lo que hoy, en este momento, está sucediendo, estas líneas.

Sentirte increíble, desde un amanecer espectacular hasta la sonrisa de una de tus hijas, el abrazo de alguien que amas, una canción que te lleva a emocionarte o las carcajadas con tus amigas, un buen vino o una buena plática, así de simple. Eso es la felicidad.

Fueron años partiéndome al mil en mi puesto, que sentía que debería ser una profesional, con el ego muy alto; una mamá responsable, una esposa atenta, resolutiva, una hermana, prima, que iba a resolver todo; una amiga que ayudara a quien lo pidiera. Eran demasiados roles y demasiadas demandas cada día, tantas, que se me olvidó la persona más importante: YO.

Durante varias etapas de mi vida, he aprendido con fuertes golpes. Aprendí a delegar cuando tuve que hacerlo por un accidente. Tuve que guardar reposo en cama. Ahí me di cuenta de que no era la única que podía hacer todo, sino que había personas que lo hacían mejor que yo y que estaban buscando mi confianza. Por eso, disfruta lo que debas disfrutar, gasta lo que necesites gastar, dona lo que te sea posible.

No te preocupes de lo que pasará cuando te hayas ido, porque cuando te vuelvas polvo, no importará si no cumpliste con la expectativa de lograr más. No les dejes la vida resuelta a tus hijos, porque estarás anulando sus propias capacidades de lograr el éxito. Solo ocúpate en dejarlos preparados para vivir sin ti, con valores, responsables y llenos de amor.

El pasado se queda atrás y es como verlo a través de un espejo retrovisor; si te la pasas viéndolo, te pierdes el camino que hay por delante. Toma del pasado el aprendizaje y sigue adelante.

El tiempo para disfrutar la vida es aquí y ahora.
Todo el fruto de tu trabajo disfrútalo en vida,
con los que más amas.

Ayuda al necesitado, eso te llenará de un sentimiento de satisfacción maravilloso, son actos que llenan el alma como no tienes una idea. A tus hijos, solo guíalos, prepáralos y suéltalos, ellos tendrán su propio destino y encontrarán su propio camino. No te metas en la vida de tus hijos, piensa que ya no es tu vida, ellos estarán ocupados con sus propias familias, amarlos es lo que te corresponde.

Disfruta lo que has logrado contigo misma, con tu pareja y con tus amigos, a ellos únete más, ellos te llenarán de carcajadas, aventuras, inventarán nuevas cosas, ellos son la familia que elegiste y que se quedarán cuando tus hijos vuelen. Valora el tiempo, el amor y el cariño de los que te rodean. Vive feliz. No compitas con otros por estar mejor en tu trabajo, en lugar de eso, reta a los demás para lograr la felicidad, la salud, el gozo y para vivir alegres también.

Un día sin felicidad es un día que pierdes. Ve por más momentos de alegría cada día, créalos, invéntalos. Haz todo lo que te haga feliz. Elimina de tu mente la falsa creencia de que hay que buscar la felicidad, eso es una tonta mentira, la felicidad es este momento, estos instantes que vives y que estás creando.

La enfermedad se curará con tu actitud, con tu espíritu alegre. Se curará más rápido manteniendo muy alto tu estado de ánimo, siempre con alegría, con pasión por la vida. Aprecia todos los instantes de amor que hay en tu día. Quizá no te has dado cuenta, pero hasta el señor que empaca tu bolsa del súper, necesita que le regales una sonrisa y una mirada, esos momentos son mágicos cuando conectas con la gente. Vivimos como robots, nos distraemos sin darnos cuenta de lugares o situaciones que nos pueden llenar de un sentimiento agradable de sorpresa.

Llena tu ser de felicidad, así como los niños cuando sus ojos se abren gigantes y se dejan llevar por la emoción de asombro y disfrutan hasta con la boca abierta de las cosas más simples; así, sin pena, sin prejuicios. Eso mismo necesitamos permitírnoslo y hacerlo cada vez más nosotros, hasta que se vuelva un hábito.

Déjate llevar por el remolino de emociones positivas que puede provocar un momento mágico y sorpréndete apreciando, desde lo más pequeño, hasta lo más grande.

Valora el tiempo que es como una ola, nunca regresará nuevamente la misma. Aprovecha cada minuto de tu vida, regresa a ti, devuelve a ti tu atención.

Aprende a preguntarte todos los días, ¿qué es lo que me gusta?, ¿qué es lo que quiero? Sáltate las creencias que alguien que ni siquiera sabes quién es, te enseñó y te dijo cómo deberías ser. Reinvéntate cada día con tus propias creencias, esas que solo tú sabes que te hacen feliz.

Mírate al espejo y mira lo grandiosa que eres, mírate en el espejo con amor, devuélvete ese amor propio.

Octubre es el mes del cáncer de mama y, en ese mes, fue cuando yo me curé. Hablo de una Diosidencia, o no sé lo que sea, lo que sí sé es que, estoy convencida, con ganas de decirle a todas las personas que están pasando lo mismo: ¡Sí *se puede, abre tus alas, vuela como una mariposa y lucha con todas tus fuerzas con fe y amor!*

Hace unos días, se lo quería gritar a una mujer que vi sin su cabello, caminando por una plaza, joven, acompañada por sus hijos, y no pude hacerlo con mi voz, solo lo hice con mi mirada; no sé su nombre, pero está en mis oraciones. Así como ella, sé que hay muchas más viviendo este profundo miedo. Deseo que alguna reciba este mensaje y las llene de esperanza, como en su momento, alguien lo hizo conmigo, compartir lo que a mí me dio la oportunidad de seguir viviendo.

Michelle y Roberta, ellas, con su ejemplo, me hicieron saber que todo estaría bien, me inspiraron y, gracias a eso, voy por más, voy por mi vuelo de mariposa, y ahora te toca a ti.

Made in United States
North Haven, CT
26 October 2022

25966783R00122